和諧

中石

和谐教育丛书

阳光e家

The Information Technology in Shijia Primary School

史家小学的数字校园

汪忱 金强 付航◇著

中国发展出版社
CHINA DEVELOPMENT PRESS

图书在版编目（CIP）数据

阳光 e 家：史家小学的数字校园 / 汪忱，金强，付航著 .
北京：中国发展出版社，2012.9

（和谐教育丛书）

ISBN 978-7-80234-834-9

Ⅰ . 阳…　Ⅱ . ①汪…　②金…　③付…　Ⅲ . 信息技术 – 应用 – 教学研究 – 小学　Ⅳ . G622.0-39

中国版本图书馆 CIP 数据核字（2012）第 201959 号

书　　名：阳光 e 家：史家小学的数字校园
著作责任者：汪　忱　金　强　付　航
出 版 发 行：中国发展出版社
（北京市西城区百万庄大街 16 号 8 层　100037）
标 准 书 号：ISBN 978 – 7 – 80234 – 834 – 9
经　销　者：各地新华书店
印　刷　者：北京科信印刷有限公司
开　　本：700 × 1000mm　1/16
印　　张：14.75
字　　数：190 千字
版　　次：2012 年 9 月第 1 版
印　　次：2012 年 9 月第 1 次印刷
定　　价：28.00 元

咨 询 电 话：（010）68990535　68990692
购 书 热 线：（010）68990682　68990686
电 子 邮 件：forkids@sina.cn
网　　址：http: // www. develpress. com. cn

Foreword

序言 ❶

让和谐教育成为和谐社会的有力支柱

史家小学提出“和谐教育”的理念并进行了教育实践的探索，已经历20个年头了。当我们回顾这20年走过的路程，我们看到在卓立和王欢两位校长的带领下，和谐教育展现出了蓬勃的生命力。

有专家曾生动地解读“和谐”这两个汉字：“和”是“禾”加“口”，就是人人有饭吃——民生；“谐”是“言”加“皆”，就是人人都有发言权——民主。所以，建立和谐社会就是既重视民生，又发扬民主。

建立和谐社会，是为了实现多年来仁人志士所追求的理想，也是顺应发生巨大变化的时代潮流。当今世界，人与自然的矛盾产生了生态危机，人与社会的矛盾产生了人文危机，人与人之间的矛盾产生了道德危机，人与自身的矛盾产生了心理危机，国家与国家的矛盾产生了安全危机，文化与文化之间的矛盾产生了价值观危机。因此，应对复杂格局，理顺社会关系，构建和谐氛围，以促进人类社会的可持续发展，就成为当前社会主义现代化建设面临的理论和实践的重大课题。

和谐教育既是和谐社会的子系统，又是建设和谐社会的基础工程。和谐教育应当体现在为每个人各尽所能、各得其所创造良好的条件，提供公平的机会；体现在为不同社会阶层和利益群体之间的流动拓宽渠道；体现在促进人类的生产方式、生存方式、生活方式的合理转变；体现在为创造全社会以和谐相处作为价值取向的文化氛围奠定坚实的基础。归根结底，体现在将以人为本的科学发展观及建立和谐社会的理念作为指导思想，使学校教育在和谐中求得发展，在发展中创造和谐。

卓立校长在20年前就提出了和谐教育的理念，体现了对当今世界形势的清醒认识，体现了对社会的高度责任感，更体现了对教育功能的准确把握。这就使得史家小学的教育理念站在了时代的前沿。科学发展观的提出为和谐教育的实践提供了科学的指导思想。全面、协调和可持续发展的科学发展观，是推动和谐社会建立的重要理论基础，也是教育改革与发展的重要理论基础。学校教育只有坚持全面、协调和可持续发展，才能促进学校的和谐发展。

史家小学的实践证明，和谐的学校教育应当是重视全体学生全面素质提高的教育，不应当只重视一部分学生发展而忽视另一部分学生的发展，不应当只重视学生考试成绩的提高而忽视学生素质水平的提高，也不应当只重视学生共性的教育而忽视学生个性的教育。和谐的学校教育应当是公平的、民主的教育，通过树立干部与教师以人为本的服务意识，营造干群之间的和谐、教师之间的和谐、师生之间的和谐以及学生之间的和谐，形成学校公平与民主的体制架构与团结合作的文化氛围。和谐的学校教育应当是开放的、社会广泛参与的教育，通过形成家长、社区和社会的广泛参与，使学校教育把为社会的发展服务与为人的发展服务紧密地结合起来，并在取得家长、社区和社会理解的同时，自觉地置身于其监督之下。

因此，史家小学的教育在历届学校领导、教师和全体教育工作者矢志不渝的探索与追求下，展现了首都教育改革的精神风貌，丰富了素质教育的深刻内涵，积累了学校和谐发展的实践经验，体现了“北京精神”的生命活力。这套书就是20年来史家小学教育成就的生动写照，我非常高兴看到这套书的出版，并向史家小学的全体同仁致以崇高的敬意。

中国教育需要千万个像卓立校长和王欢校长这样的教育家，只有学校教育自觉地肩负起为全体人民各尽其能、各得其所而又和谐相处所必须承担的历史责任，让教育更加和谐，才能使教育成为和谐社会的有力支柱。

陶西平

国家总督学顾问、中国教育学会副会长

2012年7月

Foreword

序言 II

和谐——教育的永恒追求

在史家小学和谐教育提创20年之际，得知学校集纳英才、荟萃思理，拟组织出版《和谐教育丛书》，系统总结和提升和谐教育的理论和实践，我深感喜悦。

史家小学是我国最早倡行和谐教育的学校之一。1992年，在一次北京教育研讨会上，我提出了“和谐教育”的办学理念。之后，东城区教委为我组织举办了教育思想专题研讨会。从此，和谐教育就在史家小学扎下了根。从17岁任教到65岁退休，我在近半个世纪里亲历了史家小学的每一个变化。从1991年起，我任史家小学校长兼党支部书记，开始系统梳理学校的办学经验，体会到学校的成功之处就在于和谐教育。

在我看来，和谐教育就是以科学理论为指导，以社会发展需求与人的自身发展需求相和谐为宗旨，协调并整体优化各种教育因素，创设和谐的育人氛围，使受教育者在德智体美诸方面得到全面和谐的发展，具体包括“五个和谐”。一是人与人的和谐。史家小学的办学指导思想是“一切为了孩子，一切为了明天”，办学宗旨是“三全、三爱、三服务”，即使学生德智体美全面发展、面向全体学生、对学生全方位负责；爱事业、爱学校、爱学生；为学生服务、为家长服务、为社会服务。贯彻这一办学思想，就能够在学校中实现人与人的和谐。二是人与知识的和谐。学生是学习的主人，学生的主动"参与"是课堂教学之魂，教师既教书又育人，既要研究教法，又要研究学法。人们的认知规律是"由浅入深、由近及远、由此及彼、由简单到复杂、由特殊到一般"，我们必须遵循这些认知规律，才能实现人与知识的和谐。三是人与自身的和谐。实施和谐教育，就是要使教育符合孩子们的身心发展规律，让他们在融洽的人际关系中生活，心理上没有过分的压力，情绪上没有过度的焦虑，在和谐的氛围中学习。使学生做到：性格是活泼的、开朗的、自信的；与他人的关系是和谐的、关爱的；心态是积极的、进取的，成为享受成长快乐的少年。四是人与社会的和谐。我们必须面向明天培养未来社会所需要的人。在"学知"和"做人"上，应更多地关注"做人"，在"知识"和"能力"上，则应更多地关注"能力"。五是人与自然的和谐。尊重大自然，热爱大自然，服务大自然，享受大自然，实现人与自然的和谐相处。总之，孩子们在学校的生活应该是活泼的、欢快的，史家小学应该不仅是校园，也是乐园，更是家园。

教育不是选择适合教育的学生，而是选择适合学生的教育。"学会认知、学会做事、学会合作、学会生存发展"，这是联合国教科文组织提出的教育的四大支柱。在小学，必须重视学生非智力因素的培养，培养他们具有健康的心理品质和良好的行为习惯，这是培养孩子健全人格的需要。和谐教育致力于精心雕塑孩子的心灵，努力培养学生的实际能力，用心挖掘孩子的潜力，培养全面和谐发展的人才。在和谐、温馨的环境中成长起来的孩子，行为习惯和言谈举止应该是高层次的、有教养的，对社会也是相当有责任感的。史家小学的孩子很大气，很开朗、很阳光，具有很强的学习热情和学习能力。

和谐教育之所以能够引领史家小学20年高速发展，并且成为学校鲜明的办学特色，主要在于其教育理念的先进性和教育实践的自觉性。一所学校的先进，首先表现在教育思想的先进上。一个学校实施一种办学模式，必须把它变为每个教师的指导思想，内化为教师的教育教学行为，使教师能够创造性地执行这一教育理念。我提出经过“服从”“认同”“内化”三个阶段，通过“灌输与渗透”“感染与熏陶”“规范与升华”三种方法推进和谐教育，让和谐教育的办学理念逐渐地浸润到史家小学每一个教师的心灵深处。

史家小学和谐教育的理论和实践，对素质教育的发展起到了显著的标杆作用，具有典型价值和普遍意义。因此，我将尽一切可能继续拓宽和谐教育的精彩天地，继续描绘“把学校办成让家长放心地把孩子和孩子的未来托付给我们的学校”的蓝图愿景。

和谐教育，二十年风华正茂；情系史家，半世纪岁月熔金。今年，恰值我从事教育工作50年。路漫漫兮，上下求索。在永恒的教育长河中，我只是撷取了美丽的浪花一朵，而我时刻愿意与所有人分享这朵动人的和谐教育之花。

祝愿和谐教育花繁春盛！祝愿史家小学越办越好！

卓　立

史家小学终身名誉校长

2012年8月

Perface

前言

至今，史家小学的诸多“第一”仍然被大家津津乐道：1979年，建起了全国第一个校园电视台——红领巾电视台；70年代，创建了全国第一个小学计算机教室；90年代，第一批开通了166语音信箱，第一批建设了校园网，第一个建成了真正意义上的全方位的多媒体校园，第一个创立了网上视频家长会等；21世纪，完全实现了校园数字化管理，现在已经开始着手以“触控电视”取代“电子白板”……细心的您会发现，史家小学创造的诸多“第一”，绝大多数与现代信息技术有关。

这诸多“第一”的意义，并不在于史家小学每一阶段的信息化进程多么让其他学校望尘莫及，而在于卓立校长、王欢校长以及他们所带领的教师团队，在追求“第一”的过程中所表现出来的不断创新的气魄、追求卓越的精神、鞠躬尽瘁的品质，以及对学校发展的高瞻远瞩和关于教育的深层思考……这些才是史家小学流传下来的宝贵传统，并逐渐内化成为“史家人”的精神财富。

当所有学校的办学经费捉襟见肘时，卓立校长因陋就简，甚至亲自动手创建红领巾电视台、第一个计算机教室；当所有学校的办学条件稍有改善时，卓立校长和黄守圣校长敏锐地捕捉到信息技术的进步对教学和学校管理的影响，最早开通校园网、166信箱、网上视频家长会，并建立多媒体教室。当信息化技术在学校中日益普及时，卓立校长实行“校园数字化管理”，开始引入“电子白板”；当“数字化校园”成为学校建设的趋势时，王欢校长把关注点转向了信息化建设与学校办学理念的融合……无论是卓立校长，还是王欢校长，他们都充分认识到信息技术对学校发展、教学改革、教育实践的重要意义。我们可以自豪地说，史家小学的信息化建设拼的不是金钱，而是理念；拼的不是设备的高端、设施的豪华，而是促进学生发展的思想。

卓立校长和王欢校长有一个共同点，他们从不就信息技术而谈信息技术，而是在谈信息技术时充分渗透着关于史家小学“育什么样的人”、“如何育人”的思考。卓立校长为什么对信息技术如此痴迷？从卓立校长和黄守圣校长最初提出的信息化建设的三个原则——服务教学原则、适度超前原则、可持续发展原则——就可以看出，史家小学的信息化建设扎根于“一切为了孩子，一切为了明天”的办学理念。

两个“一切”思想在学校信息化建设中随处可见。史家小学是教书育人的地方，这里的每一位教师，甚至每一位员工都必须承担育人的职责。那么，为了明天，要做两件非常具体的事情：一是在硬件上实现教育的现代化；二是在软件上、教育理念上实现教育现代化。要为孩子们创造最现代化的学习环境，在此基础上培养学生的综合素质整体提升。这也正是和谐教育理念在学校硬件建设方面的体现。如果校长没有开放办学、家校协同的理念，就不会有166信箱和网上视频家长会；就算是有的学校照搬这种技术和形式，没有理念的支撑，技术也就没有了灵魂。

作为信息中心主任的汪忱老师，对史家小学每件设备都充满了感情。这些设备记录、传达着史家人的梦想，也是史家人不断创新、不断努力的印记。正如金强校长提到的:“在学校信息化发展过程中，人的因素是第一位的，史家小学发展到现在，是多少‘史家人’奋斗的结果。”没有卓立校长、没有王欢校长、没有黄守圣副校长，没有信息组所有教师的努力，史家小学的信息化建设不会始终保持领先地位。

史家小学在信息化建设方面坚持做“理念的领跑者”，过去是，现在是，将来也是。史家小学每周都要接待来自全国各地的教育工作者参观学习。我们学校的办学和对外交流一向是开放的、友好的，不怕被模仿。史家小学在课堂教学引进新的技术或设备时，一定是经过反复论证、小范围实验，更重要的是以核心理念“促进学生发展”作为支撑。另外，史家小学的信息化建设追求人性化、低成本，同时把低碳、共享、参与等理念融入信息化建设之中。

比尔•盖茨曾说，没有什么比能够改变人们生活方式的事业更激动人心了。史家小学的信息化建设正悄悄改变着学校的管理模式、教学方式，甚至教师的职业生活……

作　者

2012 年 8 月

Contents

目录

第2篇　做信息技术理念的领跑者——史家小学数字化校园建设

第3篇　意识领先、技术创新、团结协作、服务争先——信息技术团队工作理念

第1篇

从三个第一说起

——史家小学信息化的进程

史家小学信息化进程中的诸多“第一”，像一个一个的里程碑，见证了史家小学不断提升教育教学质量、不断追求一流办学条件的历史。

史家小学是一所追求教育品质的学校，校长非常注重提高师生信息化素养，培育学校办学特色，促进学校教育持续发展。信息化技术是和谐教育理念得到落实的技术保障。以和谐理念为指导的信息化建设，最终受益者是教师和学生。

第1章
信息化建设的五个阶段

创造现代化的办学条件，促进学生全面和谐的发展，是史家小学不懈的教育追求。卓立校长提出“一切为了孩子，一切为了明天”的办学目标，而“一切为了明天”的重要体现就是要为学生营造现代化的办学条件。信息技术作为现代社会的重要技术之一，无疑会给教育带来革命性的影响。卓立校长超前意识到了信息技术对学校教育教学工作的意义，不断尝试把信息技术引入教育教学工作，创造了无数个“第一”。这些“第一”构成了史家小学信息化建设过程中的里程碑。

史家小学的信息化建设有这样几个突出的特点：学校的信息化建设起步早，发展快，始终处于领先地位；学校的信息化建设以先进理念作为支撑；学校的信息化建设过程中硬件建设与软件建设相结合，注重教育教学资源的积累和教师信息素养的提高；学校的信息化突出“三个服务”，即服务于学生发展、服务于教师发展、服务于学校发展。

史家小学信息化建设的发展历程大概可以分为五个阶段。

第1节 起步阶段：以全校每个班级第一次用上了小喇叭为起点

史家小学的“电化教育”（当时的称谓）起步于20世纪60年代初。史家小学作为北京市乃至全国的名校，在完成好自身教育教学的同时，充分发挥自身优势，努力开拓探索电化教育为教育服务的可能性。

1962年，卓立校长第一次踏进史家小学的大门时，映入眼帘的是由明代祠堂改建而成的几间平房。让他印象最为深刻的是，校长把全校师生召集到一起，拿一个纸筒卷成喇叭跟大家“喊”话。这件小事深深地触动了他的心弦。当时史家小学唯一的电教设备就是电铃。卓立校长喜欢无线电，喜欢琢磨电器。因此，卓立校长走进史家小学后做的第一件事，就是用自己所学的知识安装了全校的有线广播系统。这样，史家小学在全北京市第一个建立了有线广播系统。由于当时条件简陋，他找零件焊喇叭，并亲自动手给一个个教室接上。1963年，师生们终于可以通过广播听到校长的声音了。

学生通过小喇叭广播

随后为了开展学校的德育工作，红领巾广播站开通了，每天广播 10 分钟。学生坐在教室里能听到小伙伴的声音，能听到有趣的故事，能听到对班级、对自己的表彰，这在当时是很幸福、很有趣的事情。不久，学校有了幻灯机，看幻灯片的时候挂上黑窗帘，就像在黑洞洞的电影院里一样，有乐趣，有神秘感，这样的学习活动成了学生的期盼。

到 70 年代后期，学校为每一位教师都配置了收录机，还配置了课文朗读、音乐、童话故事的录音带，供教学使用。

1979 年，当时黑白电视还没有普及，卓立校长就在想：应该让孩子们都能够看到电视，每个教室里如果都有该多好。他从北京电视设备厂买了人家淘汰的 17 寸黑白监视器，给每个教室都装上了电视，连接各教室的同轴电缆是他从设备厂的废料堆里，一根一根捡来，然后将它们焊接起来。他又去沈阳买来了一个黑白摄像头，亲自弄了一个小的发射机。这样，史家小学在北京第一个建立了校园闭路电视系统，成立了全国第一个小学的，由学生当台长、专题部主任、摄像师、记者的红领巾电视台。红领巾电视台培养了许

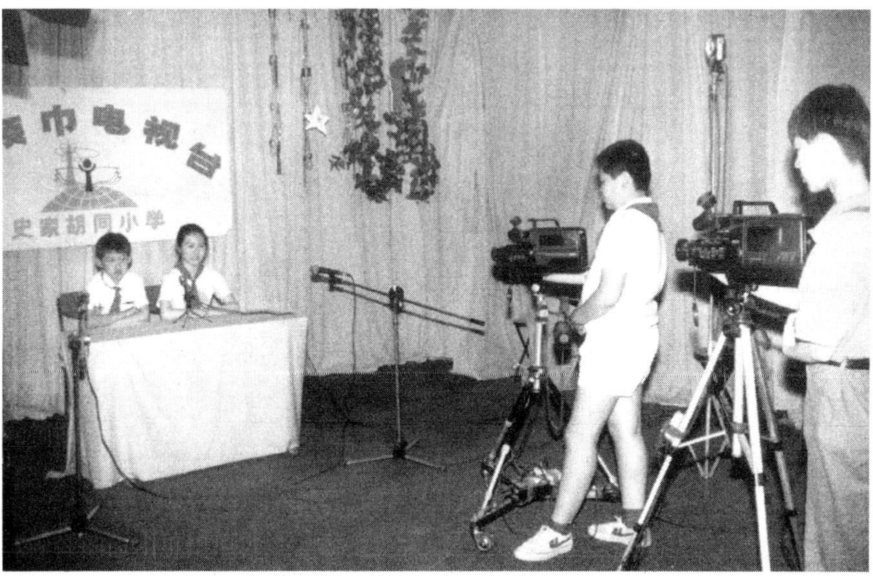

全国第一家校园电视台——红领巾电视台

多人才，当时的摄像师、记者，现在有的就是北京电视台和中央电视台的摄像师和记者。

校园电视台的建立不仅改进了教育教学手段，扩大了学生的信息量，而且在社会上也产生了轰动效应。人们奔走相告：史家小学每个班级都有电视了！真先进啊！学校的发展引起社会的关注，家长纷纷把自己的孩子送到这里就学。

红领巾电视台是史家小学的一个显著标志，不仅是因为它历史悠久，更在于它所承载的独特的、不可替代的教育教学功能。在大队辅导员和电教老师的指导下，电视台的台长、副台长、编辑、记者、栏目主持人、演播员、摄像师等全部由孩子担任。每学年电视台的招聘活动可是孩子们奔走相告的“大事儿”！红领巾电视台设立了好多孩子们非常喜欢的小栏目，如“露一手”“笑一笑”“校内新闻”等，每天播出 15 分钟。借助声、光、电等多媒体手段，红领巾电视台把诗歌、音乐、美术、戏剧等多元素巧妙地融合在教育中，并成为评价和激励学生的工具，增强了教育的感染力。在国情教育活动中，电教老师们动手编制了适合小学生特点的六集国情历史电视系列片《知我中华》，激发学生的爱国情操，增强内心体验。为配合小学生行为规范教育，电视台摄制了学生进校、参加课间活动的“面面观”，向学生展示什么样的行为是对的，什么样的行为是错的，在学生中影响很大。学校每个假期都要开展“十个一”教育活动，电视台将各个班级“学会一项本领、写一封信、和爸爸妈妈谈一次话、看一本书、做一件小制作、搞一项小课题研究”等各具特色的内容呈现在同学们眼前，激励孩子们的创新精神，培养实践能力，使大家的假期过得充实而有意义。如今，学生的课余活动、学校的外事活动非常多，大家的校园生活都离不开电视台。

校园电视台作为一种新兴的现代化教育手段，能以其新奇的形式吸引学生，使学生由被动变为主动接受教育，从而使其在愉快的环境中受到熏陶，得到教育。可见，在学校建设过程中，校园电视台的独特优势已日益凸显。

经过30余年的建设和发展，史家小学红领巾电视台已经成为校园信息化建设、文化建设和德育建设中不可或缺的部分。史家小学充分利用红领巾电视台“宣传人、鼓舞人、教育人、培养人”的作用，用舆论的力量，促进学校各班级学习、纪律、卫生等活动的发展，形成“比”“学”“赶”“帮”“超”的新局面。红领巾电视台已经成为学生文明习惯的监督岗。表扬好人好事，净化学生心灵，提倡文明礼貌用语。“做到做了好事有人夸奖，做了坏事有人批评”。

卓立校长指导红领巾电视台

红领巾电视台成为学生心目中最美好的、最喜爱的校园生活好伙伴。二十几年过去了，当年的小台长、小主持人，今天变成青年作家，话剧院的导演，电影学院的教师和中央电视台的导演、记者等等。三十余年以来，红领巾电视台走出了许多目前我国广播电视领域的人才。北京人民艺术剧院著名演员唐晔便是史家小学红领巾电视台的首任小台长。

校园电视台带动了周边各中小学电教工作的开展，“校园电视台的德育功能的研究”作为学校“九五”科研课题取得丰硕成果，顺利通过北京市电教系统的课题评审，得到好评。评估自查报告获教科研论文二等奖。学校于1990年首批被评为北京市电教优类校，并且是北京市十所“电教鲜花校”之一。

为开展课堂教学优化研究，教师自己动手用白帆布制作投影幕，每班一个；因资金紧张投影机不够用，就重点学科、重点教师有专机，其他教师轮流使用。学校组织教师参加了北京市“电教一体包”的实验，为实验提供了一线教学的实际需求建议。

1998年，史家小学被北京市教委评为基础教育系统电化教育先进集体，被教育部定为现代教育技术实验学校。2001年，史家小学红领巾电视台被评为北京市十佳校园电视台。

第2节　探索阶段：以全国第一个计算机教室为标志

史家小学由建立全国中小学范围内的第一个计算机专用教室开始，到把所有教室都建成多媒体教室，再到开通史家小学网站并建起网上视频家长会，“非典”期间高效运营“空中课堂”，信息技术不仅作为手段，也能在教育活动中“唱主角”，充分发挥在素质教育中的作用，为培养学生的创新能力创造条件。

卓立校长非常注重普及计算机知识。在1979年，计算机在一般人眼里还充满“神秘”色彩的时候，史家小学成立了全国中小学第一个计算机教室，开设了计算机课。可以说，这也是史家小学信息化建设中的里程碑事件。

对学生来说，在小学阶段就接受计算机相关课程知识的教育，不仅开阔了他们的眼界，而且也激发了他们的学习兴趣。

对教师来说，小学阶段的计算机教育使得计算机软硬件的应用更快地进入了课堂。史家小学是全国第一批配备多媒体设备的学校，包括计算机、数

第一个计算机专用教室

码展台、投影机等。全国第一个计算机教室的建立有效地推动了计算机进入课堂的发展。

学校建立全国中小学第一个计算机专用教室时，由于条件有限，当时教室的桌子是由冰箱门制作成的。就是从这样的条件起步，史家小学开始了信息化建设。

对现代的小学教育，学生已开始不满足于“知识＝书本＋粉笔＋嘴巴”的教学模式。随着小学生心理、生理发展期的提前，随着现代科学环境的影响，随着学生活动范围和方式的不断拓展，他们对知识、对信息有了更高以及更多的要求，而计算机教学的引入正是顺应了这种时代发展的趋势，它将社会与学校、活动与课堂、书本与信息有机地融合在一起，将“知识＝书本＋粉笔＋嘴巴”更新为“知识＝书本＋电教＋嘴巴”，满足了小学教育乃至于现代教育的要求。

计算机教学可以弥补教学器材的不足，增强小学教学中形象化成分，顺

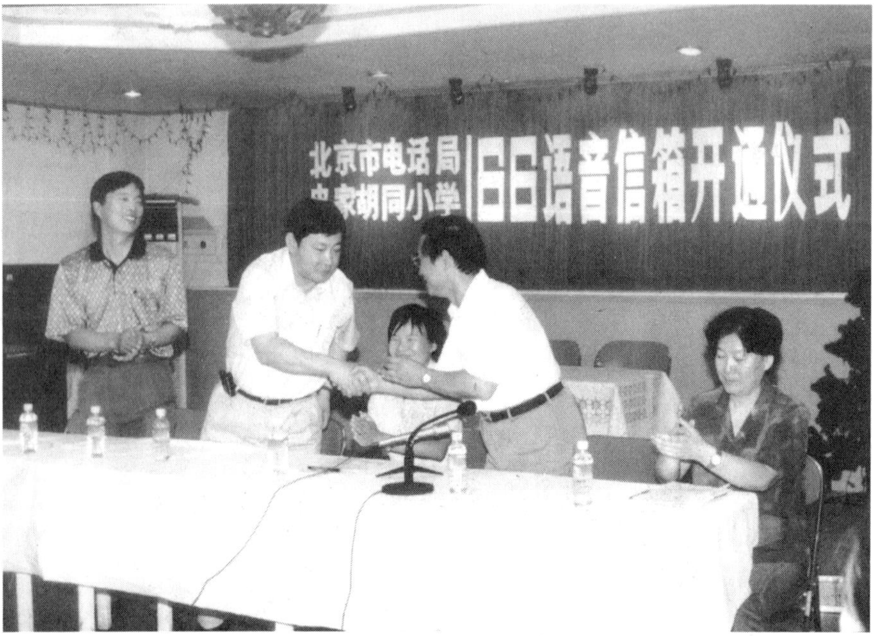

第一家开通语音信箱

应小学生心理思维的发展规律；计算机教学可以加大课堂教学容量，克服传统教育教学过程的弊端，创造最佳知识传输效果；计算机教学可以调动学生学习的积极性和求知欲，培养小学生自觉学习的良好习惯。

1998 年 9 月，史家胡同小学在北京市的学校中率先开通了 166 语音信箱。

第3节　发展阶段：以所有教室都建成多媒体教室为代表

所有教室都建成多媒体教室，开创了中小学信息化建设的壮举。

史家小学 1999 年建成了校园网，并安装了模拟光盘塔，可支持 30 位老师同时调用一个软件，或全校各班同时观看一张光盘；还安装了路由器，通

第一个全面配备多媒体教学环境

过 ISDN 使全校各办公室和各教室（80 个点）都能同时上 Internet 网。这开阔了老师和同学们的视野，大大地扩大了老师和同学们的信息量。课堂教学中需用的光盘和软件可以直接用教室里的电脑由网中调出，提高了工作效率，使老师们在百忙中节省了时间。

1. 多媒体教室

随着计算机教学深入课堂，它便已开始逐步取代传统教育方式的地位，其先进性和可操作性被广大教师所认同，它所带来的教学效果的飞跃，是任何时期都不能相比的。

2000 年，为进一步提高课堂教学效益，进一步推进教育技术现代化，史家小学在各教学班原配有的“四机一幕”（录音机、放像机、投影机、电视机，投影幕）的基础上，又配置了视频平台、多媒体计算机、液晶投影机和环绕立体声音响等。各专用教室也相应配置了音像设备和平台设备，使全校每间教室都成为多媒体教室。全校有电脑 175 台，有两间多媒体计算机教室，装配了模拟网系统，师生不但可以学习上网，学习收发 E-mail、制作个人主页，而且可以实际上网查询教学资源。

在 1999 年的第十届全国六一国际儿童节计算机表演赛中，史家小学有 27 位学生获奖，其中一等奖 2 人、二等奖 2 人、三等奖 9 人。史家小学被评为第十届全国六一国际儿童节计算机表演赛先进单位。1999 年，史家小学被评为北京市计算机辅助教学先进校、被市教委评为基础教育系统电化教育先进集体。在 2000 年第一届全国计算机比赛中，学校就有 36 名学生获奖，其中 2 人（全国 12 人）获一等奖。2001 年，史家小学被中国教育部命名为全国现代教育技术实验学校评估成果突出学校。

师生应用多媒体教学环境进行学习

教室的多媒体设备逐渐完善，同时在每个教师办公室统一增添了电脑（共 23 台），各教研组统一添置了笔记本电脑。此外，还为各班教室和各专用教室安装了空调，给学校红领巾电视台和礼堂增添了专业设备。2002 年史家小学从一年级到六年级均开设计算机课，全校每个教室每个办公室也都配有计算机，并且建立了校园网。当各教室装备了计算机后，学校要求教师要熟练掌握计算机并会使用计算机制作课件。为此，学校在1999年就制定了《史家小学现代教育技术技能标准》，有初级标准、中级标准和高级标准，分三个学期逐步完成。对教师既有要求又有梯度，并与评选校级先进教师、结构工资挂钩。学校还安排了电教老师对全体教师进行专题讲座和辅导，使教师们在现代教育技术能力方面迈出了可喜的一大步。2002年4月，学校中青年教师71人全部拿到了计算机技术考核的A级证书，为运用现代教育技术创造了条件。老师们在学校如何做计算机课件的培训中努力学习，力求跟上时代步伐，充分发挥教育部命名的“现代教育技术实验学校”的作用。

2. 互联网站与网上视频家长会平台的开通

2000年7月14日，史家小学网站正式在Internet上开通。开通网站旨在利用最新的网络技术构建一座学校与家庭、社会沟通的桥梁，及时地将学校的教育教学工作向社会展示并得到家长的反馈意见。网站运行后获得学生和家长的一致好评，多家报社等媒体对其进行报道。2002年12月，在北京教委举办的首届北京市中小学“校园风采”——赛贝斯杯网站大赛优秀网站评比中，史家小学网站被评为小学组优秀网站。

2004年12月31日上午，史家小学的新年联欢会在网上直播，家长可以在家中欣赏到孩子的精彩表演。

在家校沟通渠道建设方面，学校也是一路领先。通过网上视频家长会这个平台，学生家长还可以定期在网上直接跟校长对话。从2000年开始，史家小学每月都会进行一次“网上视频家长会”。校长和主管领导都会准时出席网上视频家长会，在线与家长们互动。家长们通过互联网可以看到校内播出的视频，并通过网页留言形式将相关信息输入。每月的网上视频家长会拥有众多忠实“粉丝”，很多家庭都是全家齐上阵，准时守候在电脑前。

教育家苏霍姆林斯基曾说过这么一番话：“两个教育者——学校和家庭，

不仅要一致行动，要向儿童提出同样的要求，而且要志同道合，抱着一致的信念，始终从同样的原则出发，无论在教育的目的上、过程上，还是手段上，都不要发生分歧。”因此，学校教育必须要有家庭教育的配合。家庭教育既是学校教育的基础，又是学校教育的延续与升华；而学校教育是家庭教育的指导与深入。为此，就要在家庭与学校之间架起一座金色的桥梁，使学校教育与家庭教育有机地结合起来，家长会无疑就是连接家庭教育与学校教育的那座金色的桥梁。一次好的“家长会”，能使家庭教育很好地配合学校教育，促进学校教育的深化与完善。

网上视频家长会的召开，弥补了史家小学大规模举行家长会的诸多不便。它可以使家长身临其境，近距离了解体验孩子在校学习生活的苦与乐，并且大大节省了时间和空间。网上视频家长会创设了一个平等、和谐、民主、畅所欲言的平台，促进了老师、家长、学生换位思考，增进了三方的感情和相互理解。网上视频家长会让家长成为会议的主人，不仅仅是学校单方面汇报成绩、向家长提出要求，而是全方位地相互评定学生的在校表现，这激发了学生的成就感、家长的自豪感，提高了家长和学生参加家长会的兴趣与热情。这种每月都开的网上视频家长会既不影响家长、教师的正常工作，又实现了教育中的及时沟通、加深理解，可以使学生的身心获得最优发展，值得提倡。

网上视频家长会的召开对学校管理的意义在于，借助网络这个现代化手段，为学校打造一个通过网络开展家教工作的新模式；为家长提供一个通过网络了解学生在校学习生活情况、沟通家校关系的新途径。网上视频家长会是传统家长会在网络上的一种延伸，是传统家教的有益补充，是解决传统家教方式存在的问题和不足的有效手段。

探索网络在家校协同中的应用是推动和提高史家小学家庭教育的质量和水平的必然选择，网上视频家长会的实施吹响了史家小学家校工作信息化、现代化的号角。

网上家长会

学校重视对家庭教育的指导，帮助家长逐步树立正确的教育观念、教育思想，掌握科学的教育方法，支持和配合学校实施素质教育。

3. 特别的德育语音电铃系统

从2001年年初，史家小学还安装了由学校教师参与开发的德育语音电铃。学校的德育语音电铃系统是学校广播的亮点。这套系统由一台服务器和若干台音频设备构成，把过去枯燥的电铃声变成各种动听的音效和语音，在不同的时间还有相应的思想教育，语言可选择中、英文多种语言。比如，进校铃的音乐响过之后，有这样的话："一年之计在于春，一日之计在于晨，你准备怎样度过你的今天？""同学们早上好！你要有个好心情，想做的事情多半能成功。""看见老师鞠个躬，看见同学问声好。""同学，你早！你们班的教室清洁吗？看看哪里还需要整理打扫一下？"……上课铃响过后，有这样的话："起立时，眼睛要看着老师，这样做是有礼貌的。""坐如钟，站如松，有规矩，人尊重。""如果你盼望着上这节课，你准能比别人学得好，因为你有主动性。”“你想变得聪明吗？那就不要放过任何一个动脑筋的机会。”“上课要积极参与，踊跃发言。这样能练思维、练口才、练勇敢。”……平时的铃声变成了悦耳的音乐声，音乐过后，同学们便会听到一句有教育意义的话，这些话每天可选择不同的内容播出，孩子们不会有厌烦的感觉。而且操作简单，比如由夏季作息时间改为冬季作息时间，只需要从数据库中调出现成方案即可。

4.“非典”期间高效开通“空中课堂”

2003年，“非典”时期，学校奉上级指示，从4月24日到7月14日停课。为了不耽误学生学习，学校领导积极筹措人力、物力、财力为学生服务。全体教师积极行动，加强教研组集体备课，努力钻研教材，转变教学方式，将新课内容录制成光盘，信息组的六名老师分工合作，高效地建立了学校的“空中课堂”，保证学生按时学习。全校上下齐努力，在很短的时间内完成了语文、数学和英语的200节学校“空中课堂”的录制工作。为了给学生提供方便，学校与“百年树人”网联系，将录制的内容全部刻成教学光盘，无偿赠送给全校1268名同学，帮助同学们完成非典时期的学习任务。为了赶在市教委规定的开新课的第一天就把光盘发到学生手中，老师们日夜加班录制计算机视频光盘，六年级(6月9日复课)两周的新课学习光盘在5月25日已经录制完毕。5月26日一早，六年级学生家长已经到学校领取光盘，以保证每个学生的学习质量。6月2日，全校同学也都拿到了光盘。

5月15日，一位因公在伦敦工作的家长通过史家小学的“网上答疑”栏目看到了一位老师的E-mail，就给老师发了一封求助信。她是孩子的妈妈，孩子的爸爸在赞比亚，家里是老人照顾孩子。在这个非常时期，她家里的电脑坏了，上不了网，影响孩子的网上学习，她非常着急。老师把这个情况汇报给了校领导，校领导非常重视，委派学校负责信息技术的老师亲自去学生家把电脑修好，使在国外工作的家长放心。

史家小学的老师在抗击“非典”的非常时期，坚持史家小学的办学宗旨，力求做到为学生服务，为家长服务。获得了家长的高度信任，在社会上也产生了很大的影响。

5. 信息技术不仅作为手段，也能“唱主角”

2001 年 4 月，学校少先队和信息组联合举办了一次“崇尚科学，反对迷信”网页展示活动。此次活动从动员布置到最后展示历时一个多月，参赛的 400 多名学生在电教老师和辅导员的指导下，利用课余时间进行网页设计，查找材料，搜集积累信息，不断进行修改补充。这次活动带给孩子们的益处不仅仅是提高了计算机网络技术、学习了科学知识，更主要的是让孩子们懂得了合作的重要，懂得做事要精益求精，不断进取。像这样由信息技术“唱主角的”活动在史小不胜枚举。信息技术作为手段，带给孩子们更多成长的体验。

1999 年，被评为北京市计算机辅助教学先进校；2001 年获“全国现代教育技术实验校成果突出校”称号；2001 年，史家小学红领巾电视台被评为北京市十佳校园电视台；2003 年 11 月，史家小学被评为北京市中小学信息化工作先进学校；2003 年 11 月 24 日，“现代信息技术与中小学各学科教学整合论坛”在史家小学设四个分会场，史家小学展示了四节课，还介绍了经验；2004 年 6 月，被北京教育科学研究院命名为“北京教科研网台实验基地校”；2004 年 11 月 25 日，在辽宁省鞍山市召开的由教育部中央电教馆和东北师大理想信息技术研究院主办的全国中小学信息技术与课程整合课题研究会上，史家小学教师做了发言，得到了各位专家及领导的认可……

2002 年 4 月 15 日上午，北京市副市长林文漪同志到史家小学视察工作，调研了解史家小学与北京市教科院百年树人集团合作进行的资源库建设的进展情况。卓立校长向林副市长汇报了学校与百年树人集团的合作情况，一年内，史家小学为百年树人集团提供了近百节的录像课资料，老师代表具体汇报了资源库的使用情况。林副市长听后，说：“看来，网络教育在素质教育中是必不可少的，为培养学生的创新能力创造了条件。”

第4节 完善阶段：以现代化校园建设为契机

史家小学以建设现代化校园为契机，在2005年新校舍落成时，新校舍的信息化建设充分考虑到了未来的发展。就在全校范围内覆盖了无线局域网WLAN。史家小学从2005年开始一校两址，2009年开始一校三址。2005年初，校区之间利用光纤进行通讯，并且用上了当时业内十分先进的思科核心交换机……在校园中随处可见可用的现代教育技术，是培养学生综合能力、促进学生全面成长的最好手段。

考虑到未来几年外部社会信息化的飞速发展，各种设备都预留了扩容的空间。我们的理念之一是，信息化建设过程中要做到适度超前。

2002年新校舍开始施工，经过三年的建设我们拥有了最现代化、最能为教育教学服务的崭新的学校。史家小学本着卓立校长的发展现代教育技术的三个原则——为教育教学服务、适度超前、可持续发展，运用现代教育技术的四个到位——硬件设备到位、软件配置到位、技术培训到位、制作使用到位，在信息技术方面投资近1000万元，建立了信息中心，管理学校的网络、程控电话、闭路电视。其中网络建设尤为突出，建立了千兆网，在学校各处设了1000个信息点；购置了十几台服务器，分别运行学校的各种软件，有学校对外的web服务器，家长及社会上关注史家小学的人可登录史家小学网站察看学校的各种信息，并发表自己的文章、观点。

学校内部有门户网站，主要用于办公、教科研、校内发邮件、场馆预订、报修设备等。学校还安装了绿色网关，过滤不良网站及控制流量，保证全校师生在一个健康、通畅的网络环境中浏览、学习。为保证全校的300多台台式机和教师人手一台的笔记本电脑免受病毒侵害，学校安装了网络版的瑞星杀毒软件。

新建校园的63间教室全部装配了液晶投影机、数字展台和带电视信号

信息中心

解码器的网络中控。新校舍的礼堂有标准的舞台、灯光、音响，可容纳 500 名学生。同时发扬学校红领巾电视台的传统，建设了新的演播厅，还可以进行观摩教学及满足各种会议需求。为了更好地为学校教育教学服务，我们还修建了录音棚，学校的合唱队、乐队、舞蹈队都在录音棚中录过音。史家小学的闭路电视系统较为完善，在教室中可以收看到从学校 6 个场所直播的节目。

我们还建设了录课室，把优秀的课记录下来供大家学习。学校的资源库有大约 2TB 的资源，包括图片、视频、音频、文本等各种格式的文件，教师可以随时访问。

为了方便教师与家长沟通，我们申请了十几条中继线，为每一位教师安装了一部可拨外线的电话机。史家小学是一校三址，为了各个校区通讯和网络应用，我们与中国网通合作在校区之间接通了光纤，这样，网络和电话都畅通了，校区之间可拨打分机，为学校节省了费用。

新校舍投入使用以来，史家小学迎来了社会各界的多次参观、交流，其中信息技术是重点。2005 年 5 月 31 日，温家宝总理来到史家小学与学生们共度儿童节，还在计算机教室与西藏拉萨第三小学的学生们进行了远程音视

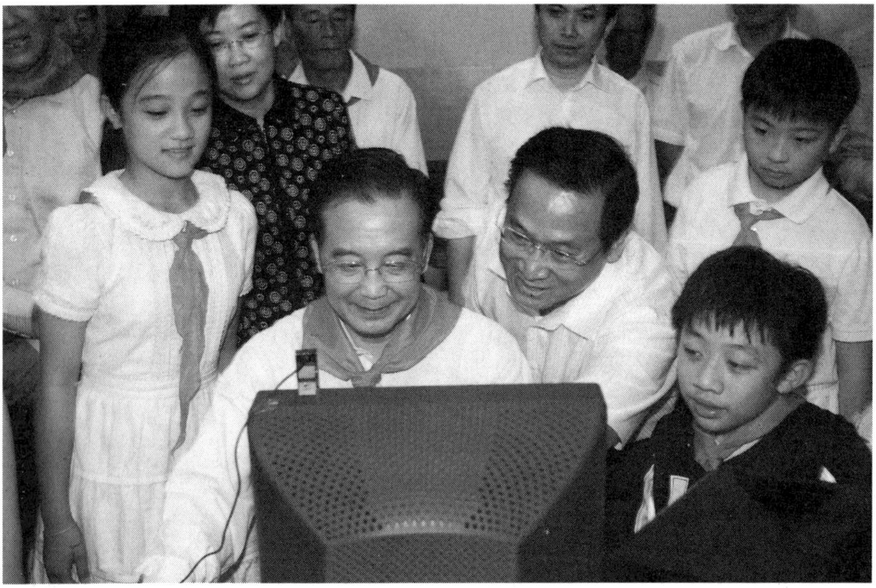

温家宝总理和孩子们共庆“六一”

频交流。仅 2006 年上半年，学校的礼堂和演播厅召开了 50 多次市、区乃至全国的大会，受到各级领导的表扬。事实也证明，教师的信息技术水平是过硬的，是经得起考验的。

2005 年 12 月 7 日，“中国英特尔未来教育项目五周年庆典颁奖典礼”在史家小学礼堂举行。参加此次活动的有英特尔公司董事长贝瑞特博士、中华人民共和国教育部陈小娅副部长、教育部师范教育司宋永刚副司长、教育部国际合作与交流司徐明先生、英特尔（中国）有限公司总裁陈伟锭先生等。会前，他们观看了史家小学教师执教的六年级的社会课《傣族》，了解学校课堂教学使用信息技术的情况。在这节课上，同学们可以上老师做的“民族网站”查询有关傣族的资料，同学们还展示了自己制作的有关傣族泼水节的演示文稿。展示后，学生用英文让大家提问，英特尔公司董事长贝瑞特博士举手了，他问道：“你们制作这个演示文稿用了多长时间？”赵开元同学也用英语答道：“我们昨天做的演示文稿今天发现出了点问题，所以在你们来之前赶紧重做，仅仅用了 10 分

英特尔公司董事长贝瑞特博士在史家小学听课

LOGO 语言创始人派珀特教授在史家小学听课

钟，又做了一个。”听课的来宾们都笑了，对史家小学学生的表现非常赞赏。

2006年3月28日，LOGO语言创始人西蒙·派珀特教授来学校听计算机课，六（3）班许曼达同学在计算机课上展示了自己编的九大行星的程序，还参加了派珀特教授在场的一个座谈会。他发言时，首先感谢教授给大家创造了这个平台，然后他问教授：“LOGO语言会不会有新的发展？”这位教授的回答是：“我会把你的这番话当作动力。”教授反问：“你希望有什么变化？”当时许曼达同学灵机一动，回答说：“希望用简单的方法编出复杂而实用的程序……”全场报以热烈的掌声。随后，教授把他的电子邮箱都告诉了许曼达同学，这是对他最大的鼓励。教授临走，给学校的留言是：“美丽的校园，优秀的教师，最可爱的学生。”派珀特教授充分肯定了学校的程序设计教学和学生使用信息技术的能力。

2006年10月31日，“十一五”北京教育技术研究重点课题《信息技术环境中利用互动反馈技术提高教学成效的研究》研讨会在史家小学召开。史家小学四位老师在会上做了展示课。

2004年到2008年，史家小学的教师们撰写的信息技术论文、信息技术与学科整合的课例、计算机课件等，在全国获一等奖2人、二等奖6人、三等奖6人；在北京市获一等奖7人、二等奖10人、三等奖9人。

从2005年至2006年，学校三至五年级的一些同学代表北京市参加了由美国纽约学生发起的全球10座城市中小学生参加的“姊妹城市”网上论坛。2006年11月13日，史家小学的学生与美国纽约国际学校的学生进行了网络视频交流。中国驻联合国大使王光亚在美国纽约亲自参加了此次活动，外交部行政管理处副处长也亲自到史家小学参加了此次活动。

2008年10月24日，史家小学9名教师在中国教育技术协会中小学专业委员会小学协作研究会第十九届年会上做了展示课。课上，老师们利用普罗米修斯电子白板技术辅助教学。在我国北方地区，全校在课堂上使用电子白板技术，史家小学是第一个。

因为史家小学走在学校信息技术的前列，常常有其他学校的老师来咨询设备购买、使用和维修方面的问题。可以说，史家小学在北京市、东城区信息教育方面起到了龙头的作用。

面对记者的提问，四年级学生小文（化名）落落大方，欢快的童音中流露出对书法教室门口触摸屏的钟爱。为了丰富孩子们的知识、扩大孩子们的视野，让孩子们可以随时随处获取知识，学校在书法教室等特色活动教室的走廊上安装了触摸屏，学生轻轻触及就能够与跟特色活动相关联的各种主题学习资源来一个“亲密接触”。“一下课，我们都爱跑到触摸屏前，里面有很多课本里面没有的书法历史啊、小故事啊。在这里，我知道了什么是隶书、行书和楷书。现在我可喜欢书法了！”

在我们看来，分数并不是衡量学生能力高低的唯一标准，教会孩子们获取知识、探索世界，在实践中具备一定的交往与应变能力才是最为重要的。我们一直坚信：一块黑板、一支粉笔能培养人，但是用现代教育技术培养出来的人在素质、能力方面肯定要更胜一筹。在校园中随处可见可用的现代教育技术，是培养学生综合能力、促进学生全面成长的最好手段。

第5节　提升阶段：以数字化校园为导向

安装电子白板、触控电视等新生的教育教学装备，服务教育教学。此外，在学校信息化建设硬实力已经很完善的同时，把更多的目光投向学校信息化建设的软实力方面。我们以数字化校园为导向，着手开始建设符合时代导向和发展的数字学校。

教育信息化建设加强了史家小学教育信息环境的完善，促进了史家小学教育资源的建设和使用，有效地推进了史家小学素质教育进程，实现了创新人才的培养。教育信息化建设的深入展开，使教师的作用、学生的能力、教育设施的性能都有了深刻的变化。

教育信息化建设有效促进了教师从知识的传递者向学习的组织者和协调者的转变。教育信息化是教育现代化的重要内容，是实现教育现代化的重要步骤。没有教育的信息化，就不可能实现教育的现代化；教育信息化极大地促进了教育现代化的进程。

教育信息化为素质教育、创新教育提供了环境、条件和保障。学生利用教育信息化的环境，通过检索信息、收集信息、处理信息、应用信息，在发现问题、解决问题中学习，实现知识的探索和发现，这对创新人才的培养具有重要的意义。

史家小学数字校园的建设与原来相比，首先是战略地位上的创新，突出理念指导下的技术实现，用信息化手段来支撑学校办学理念的实现与落实，将数字校园的建设从原先的基础设施支撑的层面提高到实现学校发展规划的战略层面。

其次是建设模式的创新，原先由学校信息中心的成员牵头完成具体的应用建设或使用共建单位的现有资源，本着“有什么，用什么”的概念，先将学校的现有业务零散地支撑起来；现在学校引入社会上专业的面向基教的信息化教育建设的专业公司团队，从整体规划、架构设计、实施、运维多维度保障数字校园系统工程的建设。

再次，数字校园的建设与原先相比在人员保障组织结构上有重大突破，校长亲自挂帅，任数字校园建设小组的组长，各业务部门领导任组员，集体参与数字校园的整体规划、设计，从而保障了数字校园作为学校发展战略层面的工作得以实现。

最后，在数字校园的建设过程中引入学校的信息化课题研究，以研促建，以实践检验理论，提升了学校信息化建设队伍整体的理论科研水平。

第2章 信息化建设的三个原则

“现代教育技术是教育现代化的先决条件之一，也是学校实施和谐教育的必要因素。现在，几乎每所学校都很重视现代教育技术设备的添置，但是真正使这些设备发挥作用还是一个很大的问题。这些设备不是用来供外人参观的，而是要让它真正发挥作用的。这不是一件简单的事情，需要一个认真学习和脚踏实地应用的过程。”卓立校长对学校教育信息化统筹布局所采取的态度是积极而稳妥的。他清醒地认识到，实现教育现代化是很难一步到位的，需要根据学校的财力、教师的水平逐步推进。如果追求奢华或过于冒进，只会造成更大的浪费。于是，在规划学校教育信息化发展时，卓立校长提出了三个原则：为教育教学服务原则、可持续发展原则、适度超前原则。这三个原则在史家小学信息化建设过程中发挥了巨大的作用。

第1节　服务教学的原则

学校信息化建设规划始终围绕教育教学的业务主线，以教师专业发展、学生自主成长为核心，一切基础环节的建设、管理决策支持平台的搭建均是服务于教师的发展、学生的成长，以最终教学质量的提高为数字校园建设成功的标准。

学校的信息化建设要为教育教学服务，这似乎是不言而喻的；但实际上，一些学校的信息化建设还存在一些误区。学校配备的信息化设备不符合学校发展或教育教学的实际需求，强调硬件建设，却忽视软件的建设。现代教育技术应当是重要的教学辅助手段，但现代教育技术不能取代教师和课堂教学。教师的信息技术素养的提高，应尽量与学校的信息化硬件建设同步，否则就没有达到真正改善教育教学的目的。在目前的教育教学中，学校不应盲目淘态旧设备、不断投入资金去追赶最新技术的飞速发展，而应追求物尽其用，恰到好处地使每台机器都发挥最大作用。配备硬件标准时，不能把软件支持置于脑后，要考虑教学软件的发展情况，并使其具有一定的超前性。因此，必须一方面努力提高教师的现代化素质，一方面紧跟现代教育技术发展的步伐。

学校进行信息化建设时，必须保持相当的理性。有些学校在进行信息化建设时有一种“比拼”的心态，结果许多设备是给别人“看”的，而不是给教师们“用”的。一看到其他学校买了一个先进的设备，不甘落后，自己的学校也买一个；看到其他学校建一个天文馆，自己学校也建一个。这样盲目的建设，不但浪费了国家的资金，并且在教育教学工作中起不到作用。服务教育教学的原则，不但解决了资源浪费的问题，而且真正提高了教育教学的效率。

在信息技术服务教学原则的指导下，史家小学以计算机和网络技术为依托的现代信息技术，对当代教育的方方面面产生着广泛和深远的影响。谁

课堂上学生使用 **iPad** 进行学习

学生使用 **iPad** 汇报学习成果

占领了信息技术的制高点，谁就能在未来的竞争中立于不败之地。谁抢先一步发展，谁就占据了主动地位。近年来，学校在上级教育主管部门大力支持下，以全面实施素质教育为核心，以落实新课程标准为重点，以教育信息化建设为突破口，以教育科研为先导，加快学校现代化建设，以较为前瞻的眼光，开拓性地做了一系列工作，实现了学校办学条件和教学质量的不断攀升，真正体验到了现代教育技术所带来的巨大优势。

笔记本电脑、实物展台、电子白板、触控电视、iPad 等已经逐步使用，服务于教育教学。

第2节　适度超前的原则

2005 年的信息化建设充分考虑到了未来的发展。考虑到未来几年外部社会信息化的飞速发展，各种设备都预留了扩容的空间。

例如，尽管当时的上网点仅 200 余个，但预留了信息点 1000 个。2005 年时，无线局域网 WLAN 的发展还不是很完善，移动终端设备还不像现在这样丰富，但史家小学的领导高瞻远瞩，在当时就在全校范围内覆盖了无线局域网 WLAN。史家小学从 2005 年开始一校两址，2009 年开始一校三址。2005 年初，规划校区之间利用光纤进行通讯，并且用上了当时业内十分先进的思科核心交换机。为了实现校区之间教师的通讯和联络，我们依托于可以光纤组网的 AVAYA 电话交换机实现了两校之间电话分机直拨。在 2005 年为每位任课教师配备了 IBM 笔记本电脑。并在当时装备了现代化的演播厅、礼堂、录课室和录音棚，等等。现在看来，这都是非常有意义的。

在添置设备时，学校不追求设备越高级越好，而是从教育教学的实际和教师的实际出发。比如，在为各班安装实物投影仪时，没有选择价值 20000

多元一台的可以处理底片、反转片，带辅助光、背光、显微等功能，操作技术复杂的高级投影仪，而是选择只需低照度，能 32 倍变焦的仅 3000 多元一台的可自己组装摄像头的投影仪。实践证明，这个设备在教育教学中非常实用，教师们也比较容易掌握，利用率相当高。再比如，根据可持续发展和适度超前的原则，学校在建校园网时，没有盲目攀比选择千兆网，而是根据需要建立了百兆网，但选用的是最好的交换机、路由器、网线等设备，中央交换机更是具备堆叠功能和第二层交换功能，需要时只要在交换机上插上模块，就可变成千兆网。学校网络中心安装了虚拟光盘塔，可供几十台电脑同时使用一个光盘课件；安装了 Internet 模拟网服务器，学生可以练习上网。学校还在校区间实现光纤双向连接，方便各校区跨地理空间的应用需求。为了配合学校的外事活动，还配备了目前在中小学校很少见到的业内最先进的手提式录音录像播出系统等。

“计算机是现代教育技术设备中的花钱大项，采取小批量分期分批添置，以后逐年分批升级的方法来进行。这样，既保持相对的先进性，又不至于淘汰大批原有的设备，资金易于周转。”在卓立校长这一管理思想的引领下，近年来，凡是在教育教学中最适用、最现代、最先进的设施都可以在史家小学找到身影，这也促成了学校扎实稳妥地迈上全面提升办学环境、不断提高教育教学质量的台阶。

信息技术包括整个 IT，全世界的技术发展特别快。史家小学的信息化水平处于领先位置上，但也不会盲目追求超前。学校在引进新设备时，应该考虑到自己的需求是什么，不应该盲目追求最新的技术和最新的款式。对学校的发展来说，购置不符合实际需求的设备，即使设备很先进，也会给学校造成很大的损失。每年有几千人来史家小学参观，别人也很可能效仿，所以学校在设备更新时态度很慎重：一定要做一个适度的超前，当然不能购买即将被淘汰的设备，不符合当前技术发展形势，但是也不能特别过分地追求超前。

第3节 可持续发展的原则

学校的信息化建设不仅要适度超前的，而且要可持续发展的，学校里的任何一项建设，都要考虑到未来五到十年的发展。

举个例子，学校使用的摄录设备一直是同一个品牌的。多年前学校使用的是很低端的设备，现在用的是比较高端的设备，但都是同一个品牌。始终持续性地使用同一个品牌，就是为了实现可持续发展，同一品牌在生产下一代产品的时候，会考虑到上一代产品的型号和配置，尽量能持续使用。如果改用其他品牌，可能会连三脚架和遥控器都不能配套，造成浪费。

汪忱主任刚刚调入学校时，史家小学正经历信息化建设的一个重要发展阶段。当时学校正在建学校网站，学校的各个教室都变成了多媒体教室，每个教室都安装了投影机、视频展台和电脑。他注意到，学校在建校园网时，充分体现了可持续发展的原则。当时学校建的校园网，教师们能通过局域网沟通，但是没有软件，只是在技术上实现了每个教室、每个办公室都能通过网络连接，每一位教师都能看到共享文件夹。这种技术是相对比较简单的，并没有实现一步到位。之所以没有创设一个完善的网站，并不是缺少资金支持，而是充分考虑到教师们的信息技术意识和水平还不足以使完善的校园网得到充分使用，效益最大化。当时教师们刚刚学会使用电脑，即使建一个很完善的网络，也不能很好地使用，等到会使用的时候，原来的技术已经面临即将全部被淘汰的现实。

随后的四五年时间，教师们一直使用这个初级的学校网站，直到搬到了新校址，学校网站才有了技术层面上大的革新，真正的网络平台才搭建起来。在这个历程中，史家小学看似有一点落后了，没有在时间上领先地建设一个完善的平台，但经过实践，史家小学的教师们现在仍然坚持认为这种做法是正确的。我们也看到，很多学校早早地搭建了完善的网络平台，但由于教师的理念、水平都不匹配，先进的网络摆在那里没有得到充分利用。

小学的信息化建设与大学不同。大学的每一个系都有自己的管理平台，教师和学生的信息技术水平很高，他们懂得如何使用这个平台；而小学教师接受和学习信息化技术就存在一定的困难。这种情况在老教师居多的学校尤其突出。现在，史家小学的教师队伍中年轻教师的数量占绝对优势，信息化技术水平、需求都比较高，因此，史家小学的信息化建设的速度层次、理念也相应发生了很大的变化。

可持续发展这个原则，举个通俗的例子，就与我们买 U 盘是同样的道理。随着技术逐渐成熟,U 盘的成本越来越低。过去买一个 2G 容量 U 盘的钱，现在买 8G 的很正常。花同样的钱，却使用不同的产品，只是时间早晚的问题。史家小学信息教师认为，学校的信息化建设进度不要冒进，一步到位的做法并不合适。

卓立校长提出的可持续发展的原则，令所有教师佩服他的明智。如今卓立校长在建设润丰学校，在信息化建设方面经常与汪忱主任商量。卓立校长在教室的黑板后面挖一个大洞，那个洞的尺寸是 70 英寸左右，但是现在只装了一个 60 英寸的电视或者 55 英寸的电视。考虑到学生数量少——一个班只有二十几位学生，50 英寸电视完全可以满足需求，将来再根据实际需求更换。

设备在购买时一定要考虑实际的需求，并考虑到更新换代和设备的再利用。史家小学在勤俭节约、物尽其用方面做得比较到位。史家小学淘汰下来的 50 寸电视并不浪费，会逐渐被用做宣传学校文化的演播系统。学校一直坚持物尽其用，不会把淘汰下来的设备直接扔到库房，在购买设备时就会想到，将来它们退休的时候还可以如何使用。

史家小学设备多，其中不乏一些特别先进的设备；但教师们并不急于追求先进而造成旧设备的浪费，会把一个摄像机用到实在无法运行和维修，心里才踏实。汪忱主任认为，摄像机为学校服务了很多年，不值得再修，已经物尽其用，即使放进库房也一点都不遗憾。绝对不能因为设备不够先进就让它闲置，任何时候都要节约。学校每天都有来自全国各地的人来参观，史家小学的宣传效益是很大的，作为一个活广告比电视里的广告更有直接影响。史家小学很多先进的理念都被兄弟学校认可并效仿。因此，史家小学更有一种责任，不能给其他学校一种错误的导向。

第3章 信息化建设的两个理念变化

史家小学的信息化建设起步很早，经过几十年的发展，今天的信息化建设在内涵、形式以及理念方面发生了很大的变化。随着信息技术的快速发展和应用的普及，特别是在科学技术突飞猛进、知识飞速更新的今天，信息化已经成为学校发展的重要方面。

应该看到，学校信息化建设也面临诸多挑战，比如信息化的发展对人才培养模式、教师的能力素质都提出了更高、更新的要求，但最关键的是要从思想观念上提高教师对信息化建设的认识高度，促使教师树立正确的信息化理念。因此，信息化强校应当理念先行。

第1节 从“电教”到“信息化”

全国范围内中小学电化教育的开展已历经30多年，由原先的“电化教育”，发展到现在的“信息技术”，称谓的改变缘于信息技术的飞速发展使电化教学教育工作的核心也随之转移，这也致使学校中的“电教老师”面临传统技术被淘汰、自己角色不断转换的现实。这就需要教师要不断加强学习，提高自身业务水平的发展，加强沟通，让信息技术意识走向群体化。应当充分认识教育信息化的重要性和紧迫性，坚持以应用为目的，提高教育质量、教学效益。坚持以科研为先导，促进教育创新，促进信息技术教育快速健康发展，利用现有设备和教育资源积极为教师们服务。

南国农在《从视听教育到信息化教育——我国电化教育25年》(《中国电化教育》2003第9期)中提到，中国的电化教育经过了两个阶段。他认为，自1978年我国电化教育重新起步以来，已经过去25年。这25年，大致可以分为两个阶段：视听教育阶段和信息化教育阶段。

(1)视听教育阶段(20世纪70年代后期~90年代初期)：70年代后期，随着我国的经济重建，教育复苏，电化教育重新起步，一切从头做起，立机构、组队伍、添设备、编教材、出书刊、开课程、建专业、搞试验，各项建设，红红火火，迅速发展。电化教育的“三件”(硬件、软件、潜件)建设——硬件建设，从“两机一幕”(投影机、录放语言机和银幕)到电教系统工程建设；软件建设，由个别学科的重点、难点幻灯和录音教材的开发到各科现代教材体系(由书本教材系统和非书本教材系统两个部分构成)；潜件建设，由电教概念、特点、作用等的简单阐释，到初步构成以“七论”(本质论、功能论、发展论、媒体论、过程论、方法论、管理论)为内容的理论体系框架等——都取得了较大的进展。在视听教育阶段，电教领域应用的主流技术是投影、录音、电视技术，起主导作用的理论基础是戴尔的《经验之塔》和行为主义学习理论。

(2)信息化教育阶段(20世纪90年代中期~现在)：这一阶段的重要标志是教育信息高速公路——以计算机为核心的多媒体网络教育系统的建设和投入使用。90年代中期，随着网络教育的兴起，我国的电化教育进入了一个新的发展阶段。电教“三件”建设的重点发生了变化。硬件建设，以网络教室和校园网的建设为主；软件建设，以网上课程和数字化教材的建设为主；潜件建设，以网络环境下学与教理论和方法的探究为主。进入信息化教育阶段，电教领域的主流技术是多媒体技术、网络技术；起主导作用的理论基础是建构主义学习理论。

汪忱主任经历了学校从“电教”到“信息化”转变的历程。他的工作从最初的帮助教师们做课件到为学校的整个信息化建设出谋划策，变化很大。以前把这个工作叫做电化教育，从事这个工作的教师被叫做电教老师。那时候每个区县都有电化教育馆和电教教师，电教教师评职称也是专门的电教教师的职称。汪忱主任记得刚来史家小学时的工作状态，作为电教教师，他的主要工作就是做课件和维修设备，每天加班帮助教师做课件。到2000年以后，教师由做电教工作变成了从事信息技术工作，由过去主要去操作录音机、录像机、投影仪等，到用计算机辅助教师教学。这种性质的变化，好像搞音视频的工作逐渐变成了搞IT。直到现在，信息技术教师逐渐站在学校发展重要舞台上，为学校的信息化建设贡献力量。

从电教到信息化，不只是词语的转换，信息组教师切身感受到的是工作内容和理念的转变。如果说，在电化教育阶段，电教教师更多的是起到辅助作用的话，那么在信息化教育阶段，更加突出了信息化技术对学校管理、教育教学等方面的引领和创新功能。虽然现在信息组教师也经常帮助教师们做课件，但所起的作用更多的是“锦上添花”。教师们信息化素养普遍比较高，教师们完全可以自己做出精致、美观的课件。但他们仍然需要信息组教师。学校有专业的录音棚可以帮助教师录制很清晰的声音，但仍需要信息组教师协助编辑音频和拍摄视频。信息组还负责组织培训，根据教师的需求和培训的内容，有时找专业人士来培训，有时自己承担培训教师的任务。学校各方面的工作也都离不开信息技术的支持。

第2节 从“配置”先进到“理念”领先

史家小学的信息化建设一直处于北京市乃至全国的领先水平。在旧校址（今为低年级部）时，学校有许多先进的设备，信息化水平让来学校参观的人流露出羡慕的神色。2000年左右，学校购买了一架电子钢琴，大概三万元左右，当时在北京市只有两台。每逢有外人来参观时，卓立校长总会把汪忱主任叫来，说:“汪老师，你给他们演奏一曲。”这架钢琴的演奏效果非常好，像一支乐队在演奏。当别人开始鼓掌，我们的内心总有一种极大的满足感。这几乎成了参观活动中重要的一景，我们也曾为此感到沾沾自喜。

搬迁到新校址以后，学校的办学条件有了很大在改善，楼房很气派，教室安装了各种先进的设备，史家小学的办学条件让一般学校没有可比性。但他们并不是从内心佩服史家小学，认为政府对史家小学支持力度大，如果有了投入，或许他们可以建得更好。

每次参观，史家小学信息组的教师都能从别人的眼神看出与以前的真心佩服不一样的感受。虽然表面上他们很热情，嘴里不断发出赞叹，但已经不是过去那种从心底感到敬佩的样子。汪忱主任很清楚，史家小学之所以拥有社会各界广泛的口碑，并不是因为财力，而是因为创新的精神和追求卓越的努力。在信息化建设方面，史家小学硬件先进的优势在这个时代并不突出。更何况，我国全社会都在努力推进义务教育均衡化发展。采购先进的设备不符合学校的信息化建设原则，也是行不通的。

汪忱主任感到困惑:“我每天非常忙碌，学校信息化建设涉及方方面面的工作，感觉工作就像在救火，哪里有事情必须第一时间出现在哪里。但是忙碌过后，感觉特别没有条理。搬到楼上的办公室以后，我开始有时间想一些超越具体事务的问题。硬件的比拼肯定走不通，史家小学在信息化建设的理念方面应该有所突破和引领。”

2010年，史家小学进行数字化校园建设，以此为契机对学校原来的红领巾电视台进行改建，打算从原来的“校园电视台”建成“传媒中心”。汪忱主任带领信息技术团队试图通过传媒中心向社会传达史家小学信息化发展的方向。史家小学传媒中心是汪忱主任心血的凝结。新的传媒中心没有高档设备，摄像机任何学校都买得起，有些设备档次很低，还有些是旧物再利用。史家小学以前也有红领巾电视台，以前追求的标准是向中央电视台的品质发展。现在修传媒中心时转换了思路，传媒中心的图像和声音与专业电视台相比不够完美，但绝对是专业的学校电视台。把广播、演播、网络放在一起，是真正的传媒中心。传媒中心设有专业的演播室，虽然只有一个房间，但有更多的学生可以参与其中。在演播室，一名学生负责操作设备，再有两三个学生辅助，就可以完成播音。学校大型活动的演播都汇聚到这里，实现现场直播。

这个传媒中心投资不大，但能让学生真正参与，非常有推广价值。北京市另外一所名校看了史家小学的传媒中心以后，回去也要找六角房子，要做一个一模一样的传媒中心。史家小学从来不怕被模仿，如果做成一件事情，并能被社会或其他学校学习模仿，对学校所有教师来说是一件非常自豪的事情。

修完传媒中心，汪忱主任找回了自信。建传媒中心能体现价值，找回了一种被信任、被尊重的感觉。汪忱主任曾对别人说：“我终于找到了自己该做的事情。以前忙碌没有发明创造的感觉，因而没有激发起内心的热情，只是为学校负责。在建传媒中心时，我和王欢校长立下了‘军令状’，在建成之前，谁都不知道里面修成什么样。把施工的地点完全封闭，三个月时间修完后再给校长和其他同事一个惊喜。施工时专门一个出口，不惊动学校其他教师。教师也不会发现。”汪忱主任建设传媒中心的理念也得到了王欢校长的认同。王欢校长并不关注特别好的设备，高档的照相机、录音棚等，她更欣赏那些实实在在地为学校、为教师、为学生做的事情。汪忱主任想，需要对学校发展做真正有意义的事情。

汪忱作为史家小学信息化工作的主管，现在更多的是理清学校信息化发展的思路，从具体工作中跳出来进行思考。黄守圣校长说过："作为学校主管信息化的干部，不是能扎在业务堆，带大家干活。这样不容易往前走，等于是低头不看路。"信息化管理地位越来越高，这与学校的发展水平分不开。有些学校认为信息化建设不重要，把不能胜任其他工作的教师安排干电教工作，学校的所有工作围绕着分数来运转，这说明学校还没发展到这个层次。

王欢校长经常鼓励学校信息技术教师多思考，认为理念是学校信息化建设的先导。为了庆祝卓立校长工作50周年，史家小学计划拍摄史家小学宣传片，作为学校发展的阶段性总结。这次拍宣传片，信息组的初衷是力求暖人心，不求高科技。以前拍宣传片很重视拍摄的质量，要求硬件先进，图像清晰。在今天看来，这些都不是最重要的。如果教师们看完以后能有所震动，心灵有所触动，才算达到了效果。史家小学信息组的教师们认为，学校拍出来的片子，不应像一个大企业那样表现得多有实力，靠磅礴的气势来震慑观众。史家小学表现出来的不应该是多强、多高，而是底蕴有多深厚、文化有多广博。史家小学作为名校应该承担起一种责任把更多的精神和文化层面的思考辐射到其他学校。这个片子呈现的应该是史家小学深厚的文化底蕴和史家人的气质风采。史家小学之所以办学品质有口皆碑，不只是因为有先进的设备，而是这里汇集了一大批出类拔萃的教师。

汪忱是一位音响发烧友。家里的音响接得非常复杂，需要好多个遥控器，像矩阵一样，这种设置放在学校里就不合适，因为没有几个人会操作。以前学校的礼堂都照专业水准来做。比如灯光、音响等都非常专业化，为了一个活动，需要很多人配合才能完成，需要一支专业的队伍。后来发现这条路有些行不通。学校没有那么多教师，根本忙不过来，同时需要这么多人，专业的礼堂可能画面完美、音质高，汪忱主任认为学校的标准可以适当降低一点。因此，在改造礼堂时，所有的设备不再需要那么多人来操作，一个人或几个人就可以完成。以前巨大的调音台、巨大的调光台已经进库房。目前学校建的是自动化的规范，不需要过于精细化。这大大提高了效率。以前总感到人手不够，现在还有一些人富余。

学校其他的学科组长经常来信息组借调教师，经常感觉人手严重不足，但推行这套方案以后，各个地方都是集成，可以让技术人员更多地投入教学，他们自身也会获得更好的发展机遇。学校不是专业的演出公司，不需要为一场演出耗费太多的人力和物力。学校需要强干的技术人员，需要组织队伍进行拍摄等工作。学校的信息技术团队要保持这种风格，就是考虑教师个人的发展和学校整体发展的需要，深入教学，达到一专多能。

教育是一项长期的事业，它不可能在短期内就收到明显的成效；而教育信息化需要资金投入较大，要想不断地发展，史家小学信息教师们认为需要认真处理好以下三个方面的关系。

1. 正确理解教育信息化内涵，处理好与教育教学的关系

教育信息化最容易被理解为黑板搬家、教科书搬家。那种用传统教学观念加现代教学手段的做法，不仅不能培养现代社会所需要的人才，反而会加大学生的学习压力，限制学生素质及个性的全面发展。

教育信息化本身是学校实施面向21世纪教育改革的重要途径。教育信息化的特征从技术层面上看其基本特点是数字化、网络化、智能化和多媒体化；从教育层面来看，教育信息化应被视作是一个不断追求信息化教育的过程，它具有教材多媒体化、资源全球化、教学个性化、学习自主化、活动合作化、管理自动化、环境虚拟化等几个显著特点。因此，教育信息化不是简单地将印刷课本变成电子文本，把粉笔、黑板变成电子白板；教育信息化实际上是要探索出一种有助于培养学生实践能力和创新能力的新型的教育模式。

2. 要正确处理软硬件建设和应用的关系

目前学校信息化发展普遍存在较为突出的问题，即校园网使用率不高，普遍存在重视硬件设备的投入，但轻视资源建设和师资培训等软件资源的建设。

硬件建设是教育信息化的基础，但软件资源建设不应被忽视，它是教育信息化的核心。史家小学的实践经验表明，硬件建设是教育信息化的前提，离开了一定数量的硬件投资，教育信息化只能是一句空话；然而，软件建设应当是教育信息化的重点。史家小学始终把资源建设放在一个突出的位置。主要是通过与课题研究相结合，构建基于现代教学模式的网络，与高科技公司合作开发校园网平台，建立各项管理和激励制度，开展各种活动来加强软件建设，推动教育信息化的应用水平。

近年来，史家小学教育信息资源建设取得了一定的成绩，十分注重资源建设和师资培训。学校把教师掌握现代教育技术能力列为继续教育的重要内容，全面提高教师应用现代教育技术的整体素质，分期、分批、分层次地对教师进行在岗培训。聘请现代教育理论和现代教育技术专家、学者来校讲学及办班培训，进行计算机等级考核，促使教师整体素质得到提升，以此灵活运用信息技术进行课堂教学。

3. 正确处理好研究与应用的关系

教育信息化是一项前人未做过的事业，没有现成的经验可供借鉴，只能是摸着石头过河，所以开展教育信息化的研究十分必要。它可以为我们提供理论依据，将经验逐步上升为理论，从而少走弯路。史家小学加强信息技术教育方面的课题研究，聘请大学教授来校指导课题研究、讲学等，这正是为了把研究与应用更好地结合起来的一种尝试。同时，学校十分鼓励教师积极动脑参与研究，并将成果直接地应用到教学当中去。

第2篇

做信息技术理念的领跑者

——史家小学数字化校园建设

史家小学的数字化校园是在和谐教育思想指导下，建立的由人、教育实践和现代信息化环境构成的一个自组织、自我进化的和谐体系。

围绕学校的办学理念和办学特色，建设史家的个性化应用和展示评价系统，支撑学校五大基地的建设，推进史家小学国际化发展步伐；通过一系列的信息化建设工作，使得信息化工作的推进与教职工的信息化素养相适应，使得教职工的信息化意识和素养在信息化工作的推进中得到普遍的提升。

第 4 章

数字化校园建设全景

在学校的“十二五”规划中，明确提出了用 3~5 年的时间全面搭建完成学校的信息化平台“阳光 e 家”，打造智慧数字校园的目标。

史家小学始终坚持“现代教育技术在教育、教学和管理中的运用是实施和谐教育的必要因素”的理念。在实施和谐教育的过程中，十分重视现代教育技术在教育教学中的运用。在运用过程中坚持“为教育教学服务、适度超前、可持续发展”的指导方针，不断地对教学方法、教学手段、管理方法、管理手段进行改革、更新、充实和发展。

近几年，学校在信息化基础建设方面取得了很大的成绩，校区之间建设了光纤高速通道，教师的信息技术水平和能力也都有了很大的提高。随着学校规模和影响力的进一步扩大，学校所承担的发展责任也日益增大。分散教学、办公的现状给学校管理带来了诸多困难和瓶颈，学校的教学、教育水平的提高反过来也对教育现代化的水平提出了更高的要求。

信息化并非单纯体现在促进教学方面，在方便学校管理，在促进教职人员、教师与家长之间的沟通等方面也有其独特的作用。随着校区化发展日成趋势，一所学校通常被分为诸多校区，这就给学校间的人员沟通、组织协调等方面出了个难题。为此，信息化在解决这方面问题上，其地位则显得尤为突出，是解决这一难题的有效途径。一方面，史家小学建立了完整的数字化校园，三个校区采用统一的办公系统，这在网络技术方面较为突出，教职员工使用电子系统的终端，能从其各自的系统了解到学校最新的校园动态、工作安排和学校任务；同时，传统且成熟的传播方式如广播、电视等媒介也将这三个校区完全覆盖，如要安排重要事项，都能够保证全校每一名教职工在第一时间得知完整详细的信息。如此全方位的数字校园建设，以数字技术为支撑的交流方式，极大地方便了教职员工，为他们接受信息，彼此交流提供了高效、及时的信息平台。

学校于 2010 年开始建设史家小学数字化校园项目，致力于构建一个高质量的信息化平台。该项目的建设坚持了“以应用为核心，以应用定架构”的原则，结合了基础教育的特点，无论是网络架构和网络技术的选择，还是系统软件和硬件平台的搭建，都具有相对的超前意识，充分考虑到了技术发展可能带来的现有设备与未来技术相矛盾的设备匹配冲突性问题。

怎样让教育信息化给素质教育带来实质性的进步呢？学校认为，首要任务是对资源进行整合和开发，即对基础教育大系统中各子系统集成优化、相互渗透、相互协同、有效控制，并不断获取新的信息，在网络环境下，形成一个系统、完整、有序的整体，从而产生最大效益。这是一个不断创新的工程。

第1节　数字化校园的总体架构和特点

在构思数字校园业务应用体系之前，首先应考虑数字校园作为一个信息化系统是为谁服务的。

作为现实校园的数字化载体，数字校园的服务对象就是现实校园的服务对象。从持续发展的角度来看，未来的基础教育将直接为人的生存和成长服务，是关于心灵的教育，是师生共同学习、共同快乐、共同成长的过程，是学校、社会、家庭三位一体的教育过程。

因此，对未来的数字校园服务对象的描述如下，见下图。

（1）直接服务于学生的成长，为学生提供自主学习、个性化学习的平台，对学生的成长轨迹充分记录、统计，在此基础上进行分析。

（2）直接为教师专业成长服务，充分记录教师的教科研信息和教师成长轨迹，帮助教师成长。

（3）直接为学校教育教学和管理提供支撑和服务。运用现代信息技术，优化办公流程，提高学校办公效率、沟通效率、协作效率、决策效率，营造高效、智能、和谐的校园办公氛围，高效、优质地为教育教学服务。

（4）直接为家长和社会服务。为家长与学校的沟通提供便捷的平台。为家长、社会力量参与教育提供有效的平台。同时，学校的资源和知识直接服务于社会。

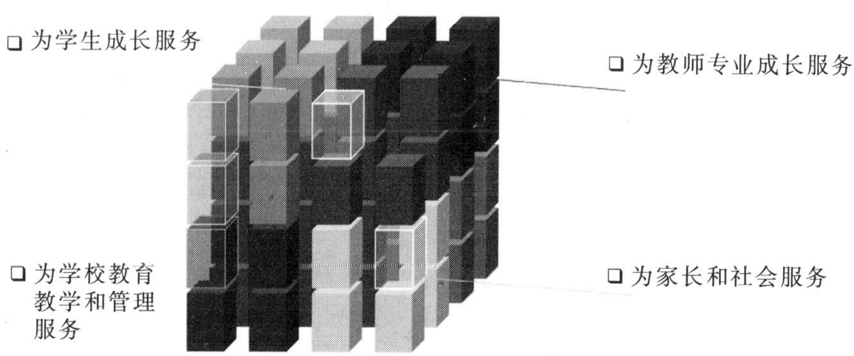

数字校园的服务对象

根据以上对数字校园服务对象的分析，当前数字校园建设的核心理念可以归纳为“以人为本”。为学校营造一个信息化的、开放的互动沟通交流平台，以此来赢得学校用户的对学校信息化业务应用系统的使用兴趣和热情，使用户觉得学校的信息化业务应用与用户每天的工作、学习、生活、交流息息相关、紧密相连。从传统的以“业务应用”为中心转变为以用户为中心，通过良好的互动环境为用户带来优越的用户体验，用户的感受由原来的“让我用”变为“我要用”。在用户心目中拉近现实校园与数字校园之间的距离，由此带动学校其他业务应用产生真正的价值，让数字校园以及学校的信息化应用真正为学校服务。

综上所述，坚持“以人为本”的建设理念进行业务应用体系规划，可以使数字校园成为真正能推动学校业务持续发展的“活的”数字载体，可以支撑现实校园的办学理念、教育教学业务等各方面在持续的“生长”中不断发展。

史家小学数字化校园建设总体架构如下图所示。

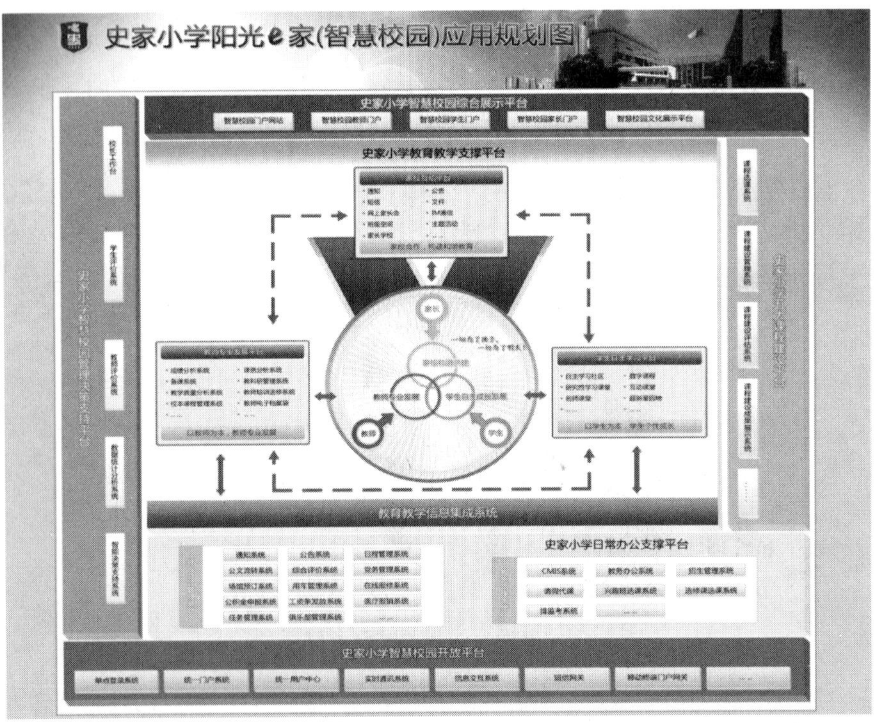

史家小学数字化校园建设总体架构

史家小学信息化建设的重点是三个平台，即教师专业发展平台、学生自主学习平台、管理决策支持平台。

史家小学信息化建设的内容如下。

（1）应用集成平台：作为数字校园的基础支撑平台实现用户统一认证、支撑个性化门户的应用集成、数据交换和共享、信息定制和推送等功能。

（2）资源管理平台：统一管理学校的所有数字资源，为数字校园其他组件提供资源支撑服务。

（3)实时通讯平台：作为数字校园的信息枢纽和用户的个性化信息窗口，通过多种信息化沟通手段，传递各种业务活动中的多种形态的信息。

（4)业务支撑平台：用于支撑业务支撑服务及信息支撑服务的软件平台，提供工作流、通用查询、自定义报表和表单等功能，为业务数据的整合、共享，以及知识积累和沉淀提供技术支撑。

（5）业务支撑服务和信息支撑服务：以服务为粒度建设，支持按照用户的权限和业务需求灵活组合，实现支撑各类业务的个性化应用软件环境，为学校教学、教育及行政等方面的业务实现提供全面的支撑。

（6）通讯服务：包括协同办公和家校通，是建立在实时通讯平台上的通讯服务，基于 P2P 的方式实现实时沟通及消息推送的功能。

（7）业务应用体系：通过业务支撑服务、信息支撑服务、通讯服务的整合，实现学校的常规业务和特色业务。

（8）安全体系：建立四个层次的安全体系，包括基于角色体系的访问控制、借助 HTTPS 信道加密的敏感数据传输、关键数据和敏感数据的加密存储、应对不可抗力和意外情况的容灾方案。

（9）运维体系：由三个相对独立的软件模块构成，包括互联网出口监控和行为分析系统、PC 和服务器系统维护系统、高效和高性能的存储管理系统。

史家小学的信息化建设具有如下特点：3~5 年整体规划，分期、分层建设。每一期或每一阶段以见到实效，得到师生认可为标准，逐步汇聚信息化建设的支持力量，从而实现“打基础→建应用→促决策”的最终目标。

第2节 史家小学数字化建设的思路

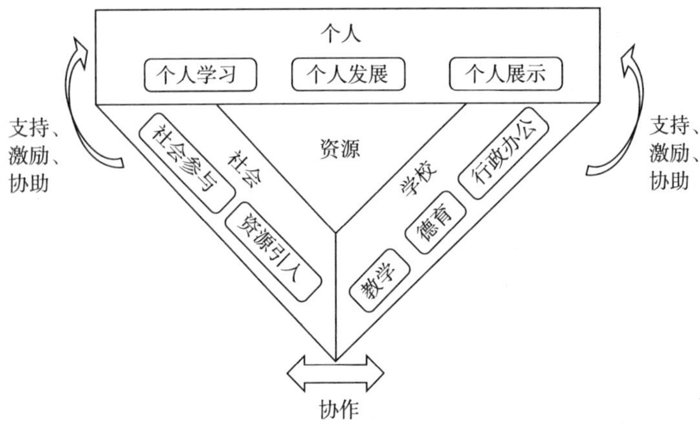

史家小学数字化建设的基本理念

现代教育的生态学理论认为人的发展是个体与其生态环境之间相互交往和影响的结果，而人的生态环境是由家庭、邻里、学校和社会及其之间的相互关系等一系列不同层次和结构的生态系统所组成的一个有机整体。每一个层次和结构不同的系统，因其与个体之相互关系的独特性，而对人的发展产生特殊的影响。

学校的构成主要为教师与学生两大类人群，对学校中的每个个体来说，他们都需要自我学习与自我发展。学校需要为教师的发展、学生的成长，创建一个和谐、阳光的环境，这就需要从个人、学校及社会三个维度进行支撑，并且使得这三个维度互相支持、相互协作。

首先为了使数字化校园发挥最大的作用，需要沉淀尽可能多的资源到学校统一的资源平台。这些资源包括教材、课件、教案等常规信息资源，学校人、财、物等基本信息，通过信息化途径获取的社会信息资源，同时也包括对学校各种活动的过程性信息。这些资源，通过信息化手段在学校相关的各类活动中顺畅地流动，产生巨大的价值。

从支撑个人学习、成长及发展的角度，学校的每个成员能够从数字化校园获得丰富的学习资源，可以依赖数字化校园系统规划、实现个人的发展，并且可以通过校园系统展现个人学习及发展的成果。通过提供这种学习、发展及展现的环境，能够有效促进个人的积极性，并提供相应的个人满足感。

从学校角度，学校需要完成教育、教学及行政管理等日常工作。为了实现和谐教育、阳光办学的理念，校方的日常工作必须处处为这个方向而努力。由于个人工作、学习等活动都依赖信息平台提供支持，所以系统就能够记录、统计及分析学校每个成员的行为。通过这些行为的统计分析，校方可以了解学校的知识热点、行为趋向等情况，并在具体工作中对符合学校办学理念的行为、趋向及成绩进行激励，从而促进学校的建设工作，塑造整个校园的阳光、和谐氛围。

从社会角度，学生的家长及亲属需要了解学生身体、智力的发展情况，并配合学校做好学生的培养，使学生生活在一个全范围的学习、成长环境中。数字校园系统需要为校内人员与校外人员的沟通提供方便、便捷以及可控的渠道，使得校外人员参与到学生、教师的评价、激励及支持工作中，从而可以使校方充分利用社会资料支持自己的工作。另外，网络时代的来临使获得资源的速度及范围都迅速膨胀，学校及其他教育团体间的交流也日益增多，将这些社会资源通过信息化手段有效地引入学校，将为学校工作提供强有力的支撑。

数字校园是支撑学校业务的信息化平台，为了使数字校园能够真正起到助推业务发展的作用，数字校园必须与学校的业务相契合，为学校的业务服务，解决学校业务面临的问题。

为了解决学校业务以及信息化建设所面临的问题，应该遵循教育信息化先进理念，科学、合理地规划、设计和建设数字校园，以实现支撑业务、解决现状问题的目标。

对数字校园来说，应实现建立可互相连通的个性化公众门户和内网门户，以数字化的资源为基础，实现对门户系统的信息支撑和活动支撑，进而以灵活的门户系统支撑学校各项业务。

数字化校园以统一学校的数字化资源管理为基础，支持信息管理及活动管理两大领域。并实现针对用户的按需、按权限功能分配及信息推送，从而保证优秀的客户满意度。只有实现系统使用的最大化，才能保证系统的生命力。

目前的数字化校园建设仍然贯彻“三个原则”。服务教学的原则不必重复，与前面提到的内容一致。适度超前的原则体现在，从技术架构上适度考虑先进技术的使用，比如私有云架构的设计。保证技术实现上适度的超前性，即保证建设周期内技术的可实现性，也保证建成后5~10年内技术的适用性。可持续发展的原则体现在，首先是对已有投资的保护，学校已有的应用系统可以被新建平台有效集成，可以对现有投资进行有效的整合；其次是新添加的应用，能够以流程化的方式，完成来自不同应用的功能间的协作；最后，整体架构中的基础平台的开放性，能够保证不同的公司或单位开发的应用系统能够在学校统一的基础平台上进行搭建，实现单点登录、不同应用间的页面集成、功能集成及数据集成。从而保证了数字校园建设的延续性和可持续性。

第3节　史家小学数字化建设的过程

史家小学数字化建设的过程如下：用一年左右的时间完成数字校园的基础设施建设，包括构建分布式架构的云计算平台，完善史家小学信息化建设的基础架构，搭建整体的信息化基础设施；用1~2年时间建设完成校园知识管理体系，用数字化承载校园智慧资产，同时为数字校园的常规应用、特色应用提供丰富而强大的知识资源基础；用1~2年时间完成常规应用建设，如办公、教务等行政应用；用1~2年时间完成特色应用建设，围绕学校的办学理念和办学特色，建设史家的个性化应用和展示评价系统，支撑学校五大基地建设规划，推进史家小学国际化发展步伐；通过一系列的信息化建设工作，使得信息化工作的推进与教职工的信息化素养相适应，使得教职工的信息化意识和素养在信息化工作的推进中得到普遍的提升。

前期开展了长达半年时间的外出考察和校内个体访谈结合群体问卷调查的组合式调研工作。完成学校8位领导的一对一访谈和回收55份一线教师的抽样调查问卷，为数字校园建设内容的整体规划与设计奠定了科学化的内容依据和群众需求基础。

1. 校长管理需求

校长可以坐在办公室，走在校园里，甚至差旅途中都可以通过电脑、手机或移动终端随时了解学校的业务开展情况和工作处理状态，校长掌握的信息和数据能够直接与展示性评价关联挂钩，在有效减轻校长管理工作中“累”的同时，更大程度为校长的管理决策工作提供数据支持。

2. 课堂教学需求

教育教学的手段、形式和方法逐渐多样化，学生自主学习及探究式学习越来越多，学生的主体地位逐渐增强，个性化学习以及与此相适应的课程、课件等逐渐丰富，学生的学习已经超越了课堂；教学相关资源也日益丰富，以不同媒体方式存在于资源库和资源中心以及与之相适应的信息分析、加工中心和知识提取中心，这时的教与学通过电子课本、课件等基本融为一体，教与学基本突破了地域和时间的限制；教学支撑服务体系也逐渐实现数字化，很多工作通过网络的流程就能完成，工作效率非常高，教职员工和学生有更多的时间开展丰富多彩的活动。

3. 学校未来发展需求

数字校园的建设将使校园成为一个信息的海洋，应用十分丰富。校园内的每一个人在数字化校园中都有一个唯一的身份证，在这里学生具有阳光般的心态并且能自主学习，教师的工作得到合理的评价并且能够展示自己专业成长的历程，教师的潜能被激发，形成阳光的教师团队；家长能与教师和孩子及时沟通，见证孩子成长的每一天，家长的主动参与使得学校的活动更加丰富多彩；校长也在数字化的影响下变革视野，不再局限于一个个学科的发展与变化，而是从整个学校课程变革的层面来思考学校特色的创建、学生发展与学校再创辉煌的新征程。

史家小学正在建设的数字教学平台突出便捷、简单的特点。把教师需要使用的各种软件实现一键式登录，避免了反复登录的麻烦。只要教师打开电脑，就会自动弹出一个类似于QQ一样的界面，只需要输入用户名和密码，与教师相关的信息就会自动弹出来，比如报修。信息传送的方式是推送形式的，不能像邮箱一样，必须得打开邮箱才能看到，这样就显得有些烦琐了。教师们有时不会特别主动地来查阅各种信息，那么我们用推送式的方式，与他们相关的信息在一键式登录时就会自动弹出来。举个例子，假如一位教师需要请半天假看病，他进入平台把请假的信息填好，发送出去，这个平台会把教师请假的信息及时地传递到相关的负责人那里。比如请半天假，年级组长可以审核，那他收到信息并审核就可以了，而无须把信息传递给主任以上的干部；如果请假一天至三天，那相关的主任就会收到这条信息并审核；如果请假三天以上，那主管校长就会收到信息，并及时处理。

这种设计是根据教师们的需求设计的。在信息化建设之前，信息组进行了前期的调研，主要是了解教师们的需求。其中许多教师就提到了一站式登录的问题。之前教师们在一天的工作中会使用许多软件，常常是做这件事情登录这个系统，而做那件事情登录那个系统，费时费力不说，还会造成信息误导。学校由于有多个平台，也不便于维护和管理。

在信息技术工作中，信息组必须常常站在教师的角度来思考问题。教师的主要精力集中在教学工作，他们不是技术人员，不能把时间都用在掌握复杂的 IT 技术上。信息组经常会和一些公司打交道，在合作时努力改变他们的一些想法，因为很多公司在做各种设计时常会把教师当成技术人员。

第 5 章
数字化校园展示

学校的业务应用体系包括多个业务平台，根据各业务应用的服务对象和预期成果，可以划分为常规应用和特色应用。常规应用即办公沟通平台、资源管理平台、校园办公系统、门户网站。特色应用即教师展示性评价系统、课例分析系统、家校互动平台、网络信息服务系统。下面把已经建成的部分数字化校园平台进行展示。

第1节　学校管理平台

王欢校长接任校长以后，把现代管理的理念带到学校，她强调信息化技术需要为学校管理提供强有力的支撑。学校现在办学规模大，教师数量多，每天发生大量的事件，如果没有一个高效、有序的管理体系，学校管理就会出现漏洞，稍不留神教师队伍就会松散。虽然报修一个灯泡是一件小事，但如果没有一个快捷的通道，事情得不到及时解决，也会影响一个班的教学。

学校管理平台的总体架构划分成三个大的技术支撑领域：信息管理支撑领域、活动管理支撑领域、通讯管理支撑领域。其中信息管理支撑领域中，既有对结构化信息数据的管理支撑，也包括对非结构化信息数据的管理支撑，参见下图。

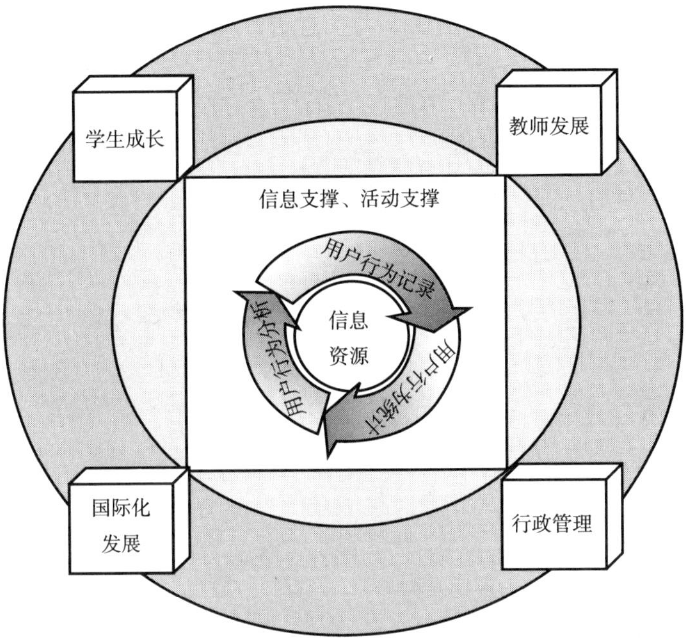

学校管理平台的总体架构

史家小学学校管理平台的特点是，以资源管理（包括结构化信息内容和非结构化信息内容）为核心，围绕信息支撑（信息检索）及活动支撑（工作流）支持，使资源信息可以自然流转起来，利用底层的组织机构与权限支撑，完成校方信息处理的协同工作要求，为学生成长、教师发展及行政管理提供全面支持。

学校管理平台将对学校管理模式和效果产生深远的影响：信息沟通便捷、协作井然、活动有序、工作有记录、事件有痕迹、决策有支持。校园内部信息畅通，沟通便捷，协作方便；校园内部工作规范化、流程化、人性化；校园内部办公无纸化，任务下发电子化，任务执行可视化；工作过程有记录，可追踪、可检查、可总结；数据统计准确化，分类科学化，挖掘深度化；管理决策理性化、科学化。

信息化平台非常重要，但由于教师们已经习惯常规的工作方式，不习惯在网上传递信息，认为很麻烦，但从学校管理和未来发展的角度，实际上是必需的一课。

1. NBC即时通讯

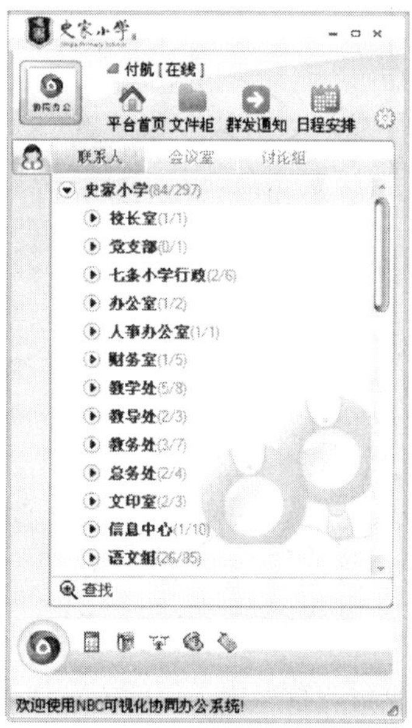

NBC 即时通讯

NBC 即时通讯包括在线沟通、文件柜、群发通知、视频会议模块、互动空间模块、短信模块。这个即时通讯系统支持办公业务：通知分发、文件流转、在线周计划和校历、在线公告等。其中支持教育教学业务包括，多校址教研活动、文件共享、活动视频直播 / 广播、网上视频家长会、提供博客系统支持家校互动、与家长进行短信沟通等。NBC 学校的办公系统，从里面看看学校的计划、日程安排、各个场馆的预订等信息。教师有哪些要求，信息收集起来，然后到工作日志上进行安排，哪些事情具体由哪些人去做。

2. 阳光e家在线报修

分为申请报修、报修追踪、维修任务等模块，教师可以通过申请报修进行网上申报。根据不同设备，报修任务提交给相关部门负责人。相关部门负责人定期登陆系统分配任务。维修人通过系统获得任务进行修理，修理完成后各部门负责人进行确认。经常有教师通过网络进行报修，信息组需要随时关注哪位教师报修，具体什么故障，然后派教师去处理。

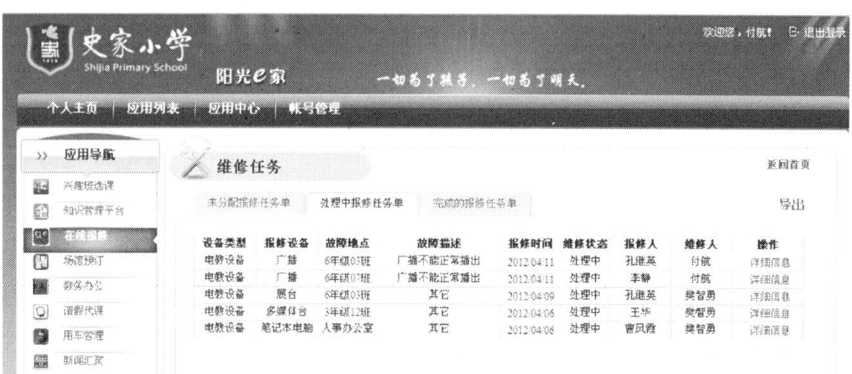

史家小学在线报修系统

3. 阳光e家场馆预订

场馆预订系统是信息组教师每天都要重点关注的内容。预订场馆包括第一会议室、第二会议室、礼堂、演播厅、录课室、传媒中心、游泳馆、体育馆等场所。教师们如果需要使用上述场馆需要登录场馆预订系统进行登记。信息组根据预订信息进行服务。例如，某天，录课室上午 8：30 至 11：50 是 BDS 的录课，需要教师说课和 PPT 内容切换，下午 1：00 至 4：00 是东城区 e 网通录课，要求双机位拍摄。信息组根据需求上午安排一位教师协助。而下午需要两位教师拍摄，再加上导播，需要三个人协助完成。

每位教师都有权限通过场馆预订系统来预订。预订信息经由汪忱主任审批，审批通过出现在场馆预订信息中。有时候也会有冲突，例如有的教师一个月前已经预订礼堂，但是临时有市区的大型活动要用，那么就要汪忱主任和金强校长协调解决。

4. 阳光e家教务办公

阳光 e 家教务办公系统为不同教师设置了不同的权限。教务部门主管可以使用招生管理功能和班级管理功能。教务老师可以使用班级管理功能，包括新生分班、班级维护、花名册。班主任可以使用班主任管理功能，可以调出花名册。

5. 阳光e家请假代课

教师因公或因私需请假时使用阳光 e 家请假代课系统，需要代课时填写代课信息。半天至一天由各组组长审批，一至三天由主管主任审批，三天以上由主管校长审批。审批后生效。

6. 阳光e家用车管理

教师因公外出需使用学校车辆时可以通过阳光 e 家用车管理系统申请，经管理员审核后生效。

个人主页
应用列表
应用中心
帐号管理
应用导航
兴趣班选课
知识管理平台
在线报修
场馆预订
教务办公
请假代课
用车管理
新闻汇聚
公告
公文流转
场馆预订
欢迎您，付航
传媒中心 预订
演播厅 预订
录课室 预订
礼堂 预订
乒乓球馆 预订
游泳馆 预订
体育馆 预订
第二会议室 预订

个人主页
应用列表
应用中心
帐号管理
应用导航
兴趣班选课
知识管理平台
在线报修
场馆预订
教务办公
请假代课
用车管理
新闻汇聚
公告
公文流转
场馆预订
欢迎您，付航 老师！
<< 返回上一页
今天
五月 2012
月
周
日
日
一
二
三
四
五
六

阳光 e 家场馆预订

阳光 e 家教务办公

阳光 e 家请假代课

阳光 e 家用车管理

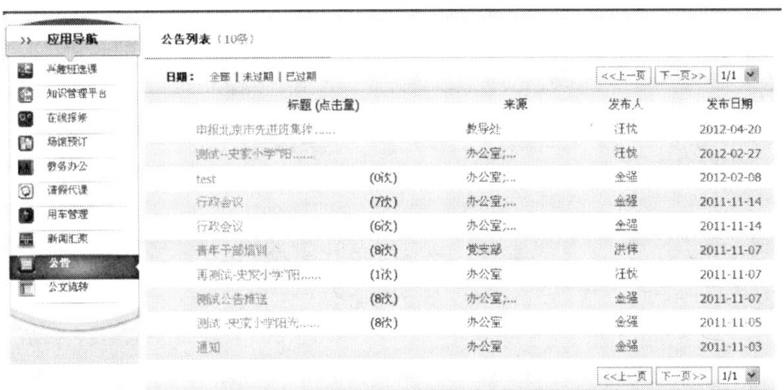

阳光 e 家公告

阳光 e 家公文流转

7. 阳光 e 家公告

管理员根据需要发布公告，此公告将推送到相关教师的即时通讯平台上。

8. 阳光e家公文流转

政府、教委、学校、年级组有大量公文需要按照规定的通道送达各部门负责人和相关人员。可以使用阳光 e 家公文流转系统。

9. 北京市中小学管理信息系统（CMIS）管理工作

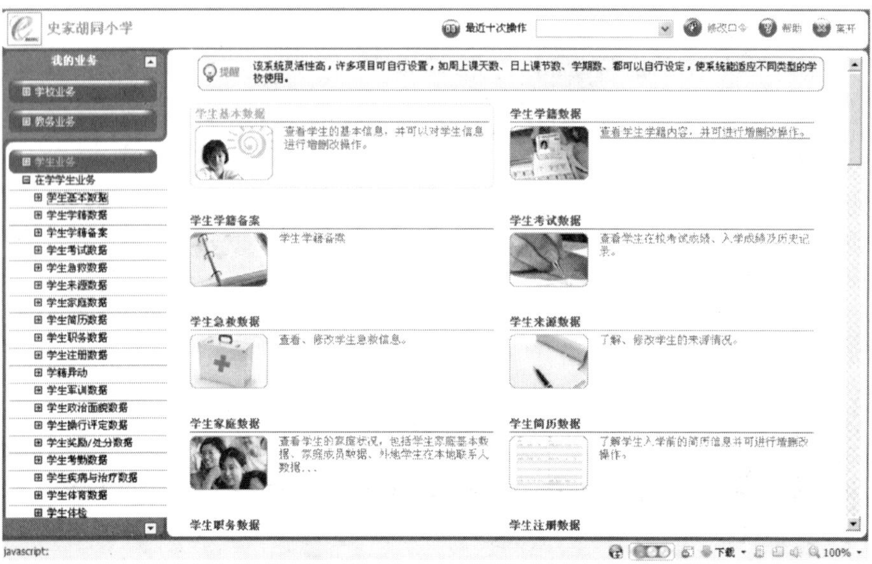

北京市中小学管理信息系统（CMIS）管理工作

北京市中小学管理信息系统（CMIS）包括学校业务、教务业务、学生业务、教职工业务、校产业务、沟通业务、基层教育单位统计报表业务、数据共享业务、系统维护业务等九大模块。每学年信息组要为新入学的一年级学生录入数据，为六年级学生办理毕业工作，为其他年级进行升班等管理，并根据学生学籍异动（休学、出国、转入、转出、离校）情况及时更新数据。

第2节　史家传媒中心

史家小学传媒中心是数字化校园的一部分。史家小学在20世纪70年代末就成立了校园闭路电视系统——红领巾电视台，使电化教育为贯彻德育发挥了作用，为培养现代化的人才贡献了力量。中央电视台和北京电视台及中国教育报对该校红领巾电视台都做过专题报道，学校还被评为北京市少先队工作特色校。

自从迁入新址后，硬件条件得以提高，德育工作全面开花，红领巾电视台有逐步淡出人们视线的趋势。疏离传统，实属可惜。究其原因，除阵地扩大、战线拉长的原因外，硬件条件、环境也是重要因素。

新址设计时，确实考虑到了学校红领巾电视台的传统特色，因此设计了较大的演播室，但实际却事与愿违。面积大，能耗高，不能仅为电视台专用，经常要承担一些会议和活动。这些会议不但在硬件布置上同电视台产生矛盾，使用时间上更是冲突。曾有一段时间，电视台名存实亡。为此，我们将录音棚改造成了小型演播室，暂时解决了场地问题；但是这里空间狭小，功能有限，急需具备适当条件的专用房间。

经过一段时间论证，下沉广场北侧一层平台（贵宾室）为最佳地点。这里具有得天独厚的环境条件：面积、高度恰当；外部呈三角形，内部呈六边形；南侧有室外实景条件，北侧有隔窗参观的条件；可建设备平台，错落有致；距离礼堂、现演播室很近，方便管理及线路改造；有单独的出口通向中门，方便施工，不影响学校正常运转。

1. 从“电视台”到“传媒中心”

由红领巾电视台发展成传媒中心，不只是概念，更重要的是理念和技术的突破。史家小学传媒中心无论从播出内容、形式，还是创新设备都有一般电视台无法想象的特征。

史家小学红领巾电视台

传媒中心中控台

传播媒体或称“传媒”“媒体”或“媒介”，指传播信息的载体。传播通道有纸类（新闻纸，杂志）、声类（电台广播）、视频（电视、电影）、还有现代的网络类（电脑视频）。即信息传播过程中从传播者到接受者之间携带和传递信息的一切形式的物质工具。目前传媒在社会教育中起着重要作用。广义地讲，以课堂教学为典型的学校教育同传媒概念类似，均有传播之意，把传媒的概念引入学校教育是学校的新探索。狭义地讲，这里的传媒是指学校利用先进的信息技术大规模地教育学生。相比课堂，一次接受教育的人数更多、距离更远、信息量更大、感染力更强。

传媒中心的主要功能包括广播、电视、信息发布、网站、微博、远程或校际视频交流、现场访谈活动服务等，是学校的多媒体视频交换核心。在对外交流的活动中，既是虚拟的数字门户，又是真实的硬件场景平台。此前学校有演播室、录课室、礼堂、红领巾电视台等多套独立的录播系统。现在将其整合成一套系统，有节约空间、人力、资金等诸多优势。不但实现了校内互通互播，而且为下一步开展大规模的远程或校际交流视频打下基础，是校园多媒体视频系统的大胆创新尝试。

2. 技术创新

新建的史家传媒中心将推出以下创新概念。

（1）首个“全高清校园电视台”。目前学校设备条件已具备，只需稍加整合便可实现。高清技术同红领巾电视台、多媒体投影、电子白板一样，是早晚普及到教育行中的技术。史家小学将再拔头筹。

（2）广播、电视、监控、信息发布全方位整合。学校不再有纯音频广播，所有广播信号均配有图文，并同信息发布整合。演播室内配有监控墙，实现实时交互。为学生行为习惯养成提供新的硬件手段。

（3）自主独立操作。通过简化操作方法，提高自动处理性能，结合培训，实现主持人自主控制。学生只需两人配合即可完成播出。解放人力，提高效

传媒中心电视台成员正在使用 **50** 英寸双反射反馈监视器进行节目直播

传媒中心电视台成员正在使用摇臂录制访谈类节目

率，增加播出密度。

（4）在播出内容、形式上有如下新特色：以直播为主，录播为辅；图文为主，视频为辅；以电脑桌面作为平台，主持人的画面少有显示，甚至不显示。也可用PPT作为平台，甚至使用文件夹为平台，打开视频、照片、Word等文件；也可使用浏览器为平台，打开微博、NBC、其他视屏通话工具等，以简化制作环节，提高效率，增加播出密度。

3×5的拼接屏主要用于在现场访谈活动时显示会场情况，方便备场演员、领导、专家了解会议进程。在电视播出时可显示教室学生的收视画面，形成互动。在远程或校际视频交流时显示各会场的多路视频、多媒体信号，方便导播切换。

创新设备有50英寸双反射反馈监视器，是厂家根据史家小学要求设计制作的，类似于电视台的提词器，但相比有以下创新之处：

第一，一般电视台的提词器为19英寸，主要显示大字体的文字，而双反射反馈监视器尺寸更大，主要用于显示计算机桌面；

第二，使用二次反射原理反转镜像，无需专用软件，可直接显示Word、PPT或网站；

第三，在后部安装不只1台摄像机，而是安装3台摄像机，使用电控云台分别对应A、B、A+B三个取景；无需摄像、导播人员，由主持人（学生）自行操作。

校际视频交流相比远程视频交流（50千米）距离更近，使用专用硬件线路校际互联，摆脱电信瓶颈束缚，通过多画面的高清技术带来更亲切的交流。实现广播、电视联播、轮播，是史家小学传媒中心的终极目标。目前正待政策、资金支持。教育资源不均衡是目前我国教育界共同面临的问题，通常有硬件（校舍、设备等）、软件（师资、理念等）两个方面，近几年来史家小学为此做了很多大胆的创新和尝试。通过传媒中心进行校际视频交流，是使用传媒这一硬件实现共享教育资源软件的创新方法。

3. 理念创新

该项目属改造工程，该项目总成本不超过 100 万。与如此规模、功能的同类项目较比，该项目投资不大，主要有以下原因：

第一，旧建筑材料翻新，主要是钢材、玻璃、铝合金隔断，环保利用；

第二，旧设备利用，主要是灯光（来自原演播室、礼堂、电视台），广播系统（原广播室），新风系统等——以上设备基础好、多年养护得当经过检修、翻新仍可使用多年；

第三，追求技术高标准的同时，不盲目追求高档，如该规模的演播室主摄像机一般会选择 35 万 ~120 万元 / 台，而学校则使用现有一台 Canon 5D Mark II 照相机增加摄像套件的方法解决。

史家小学最早创建的红领巾电视台是史家小学艰苦奋斗办高质量教育的真实写照。电视台使用的设备并不高档。电视是黑白电视，摄像机等设备的配置比较低，但是精彩的节目弥补了设备简陋的不足，给学生们留下了难忘的回忆。

随着学校办学条件的改善，红领巾电视台也逐渐走上专业化的道路。设备比较先进，电视台的格局也采用专业电视台的形式：电视台分为演播室和控制室，二者之间隔着透明玻璃，与真正的电视台相比规模较小，设备配置一般，但是总体设计与专业电视台很接近。红领巾电视台有学生记者、导播、摄像师等，分工非常明确。

史家小学传媒中心建成以后，红领巾电视台发展到第三个阶段。建传媒中心时，信息组有一个这样的理念：所有的设备每个人都能用。这个地方能让学生参与，采编、录制等都由学生完成。有这样的理念之下，史家小学并没有走向专业演播式方向，学校不强调传媒中心的专业性，而是走“亲民”路线，演播厅是开放式的，打破了专业电视台的格局，改成开放式的空间，演播室与操控室现在同处一室，中间没有任何隔断，也没有强调非常好的吸音效果。记者坐在桌子前面控制的一个摇杆，一个人可以完成全部的操作。而原来的电视台是由主持人来操纵切换，还有一些学生负责调控各种设备，需要很多人同时操作，电视台才能正常运转。现在的设计只需要一个学生就能把所有的工作完成。这种亲民化、便捷化的操作能够让更多的人了解演播过程。

很多学校建虚拟演播室、蓝箱等，斥巨资建专业电视台。买昂贵的专业高清摄像机，由于缺乏理念的支撑和学生的参与，造成这些高档设备的浪费。而史家小学建设的传媒中心，购买的设备都用买得起的、简易的设备，成为一个学生乐于参与、真正受益的电视台。

汪忱主任曾经参观过一所学校，这所学校的办学规模与史家小学差不多，学校也修建了剧场、演播厅、阶梯教室等场馆。每一个厅馆都需要三至四位教师调控。这所学校所有的设备都追求高端，电视台使用的摄像机需要几十万。可以看得出，他们在向真正电视台的方向努力。史家小学现在的厅馆，一律都安装云台摄像机，一个人可以完成所有的操作，而不需要再投入更多的人力。多部云台摄像机拍摄的内容汇集在媒体中心。这样，可以同时录制所有场馆的活动内容，而且是多机位，机位也可以控制，这种理念节约很多成本。演播过程也体现同样的理念，很多学校花钱购置高档设备，但是由于利用不充分，最后变成闭路电视。学校重新设计安装了传输系统，通过网线和光纤传输到班级，画面非常清晰。高端专业演播室可能会让别人羡慕，但如果没有优秀的节目，再高端的设计也形同虚设。

史家小学建设传媒中心的初衷就是让学生参与，让学生有更多的机会成为学校的主人。学生们在使用过程中产生更多的创意，往往会超出设计者的想象，期待学生们有更精彩的表现。

王欢校长和史家传媒中心小主持人一起上节目

4. 节目创新

学校制作的电视节目，长期且不间断地播出，以使学生产生浓厚的兴趣。在《超级变变变》节目中，学生可以把自己的创意和想法通过电视台展示给大家，这也是发掘孩子身上的闪光点，让学生树立自信，同时也对其他孩子是一种激发和引领。另外，还可以把学生平时在课堂中不能展示的展示出来。其实，许多学生非常有天分，只是在课堂教学里不能体现出来。有些学生在任课教师眼里算不上一个优秀的孩子，但是他可能有其他方面的爱好并有突出的能力，比如有些学生特别擅长画小人书、画漫画……，电视台挖掘有特点有创意的学生作品在电视台展播，给这些很有特点的学生提供了一个展示自我的渠道，让学生增加自信心。

传媒中心与德育处合作，共同为提高学生的综合素养服务。电视台是一个平台和载体，信息组一贯坚持与其他工作相结合，注重与其他教师合作，在学校里不是单纯做技术，而注重与德育和教育教学密切配合，以达到最佳效果。

第 6 章
信息技术与课程的整合

开展信息技术教育，是现代化教育的重要内容，也是实现教育现代化的必由之路。教育部部长陈至立说：“21 世纪信息技术对教育的影响将是不可估量的。它不仅带来教育形式和学习方式的重大变化，更重要的是对教育思想、观念、模式、内容和方法产生深刻影响。为了争取在新世纪日趋激烈的国际竞争中占据主动，我们必须加快在中小学普及信息技术教育，努力实现教育信息化。”以何种方式和途径进行信息技术教育，每所学校都有差异。依据国际经验，学校信息技术教育呈现多样化、立体化的态势，但最好的方式还是通过学校课程的开设与实施，使信息技术教育贯穿在学校教育的全过程中，走整合化道路。

2000 年我国教育部颁布了《关于在中小学普及信息技术教育的通知》，要求从 2001 年开始用 5~10 年的时间，在中小学普及信息技术教育，以信息化带动教育的现代化，努力实现我国基础教育跨越式的发展，同时指出必须努力推进信息技术与其他学科教学的整合，鼓励在其他学科的教学中广泛应用信息技术手段，并把信息技术教育融合在其他学科的学习中。可以说，“信息技术教育与课程整合”是我国面向21世纪基础教育教学改革的新视点，对它的研究对于推进我国社会的信息化进程、提高全民的信息素养具有举足轻重的意义。

整合，即融合的意思。“信息技术与中小学课程的整合”这一提法来自美国信息技术专家。应用信息技术技能和方法是当前的最主要需求，但如果这一技术仅仅限于计算机课学习，将是远远不够的。因而专家认为，不应单单设立独立的专门的信息技术课，而应把信息技术技能和方法的培养分解到中小学的学科课程当中去，即尽可能地鼓励所有的学科都使用信息技术。这样就可以解决所有的学生的信息技术技能问题。这就是“信息技术与中小学课程的整合”。这也是希望信息技术能推动学科教学的改革。“信息技术与学科教学的整合”可定义为：以信息技术为先导，以系统论和教育技术理论为指导，根据学科教学规律而进行的学科教学改革。

信息技术与学科教学的整合，目的在于，在各科教学中有效地学习和使用信息技术，促进教学内容呈现方式、学生学习方式、教师教学方式和师生互动方式的变革，为学生的多样化学习创造环境，使信息技术真正成为学生认知、探究和解决问题的工具，培养学生的信息素养及利用信息技术自主探究、解决问题的能力，提高学生学习的层次和效率。

第1节　史家小学信息技术与教学整合的历程

信息技术与课堂教学的整合经历了几个阶段。随着信息技术的发展，必然会带动教育从目的、内容、形式、方法到组织的全面变革。但是这种变革绝不可能发生在朝夕之间，一蹴而就，而是要经过许多中间过程和状态。

信息技术在课堂教学中的应用，最初使用的是投影，用笔在胶片上画图或书写，用于演示。这是广泛应用 PPT 演示文稿之前的一个阶段。

1990 年左右，史家小学开始尝试进行计算机教学。当时使用的设备是中华学习机——中国研制成的微型计算机。以 6502 微处理器作为中央处理机，并配有汉字系统和其他软件，与 Apple Ⅱ 计算机系统兼容，适于中、小学生及家庭使用，开机后自动进入 Basic 语言界面来编写和执行程序，内置 LOGO 语言，俗称“海龟画图”。那时候史家小学的教师们就尝试进行计算机教学，当时使用的课件都是用 Basic 语言来写的。语言非常长，有时是上千句。

使用 Basic 语言做出的课件修改起来非常烦琐，而教师备课需要反复修改，课件也需要相应调整。每次试讲过后，上课的教师和听课教师都有一些修改的建议。不只教学设计需要改变，课件也需要随时调整，有时一个课件需要反复修改十几遍。

在这个阶段，信息组教师几乎承担了所有做课件的工作。后来随着技术的发展，特别是 PPT 广泛应用以后，教师们能够自己做演示文稿，信息组教师从这一项工作中解脱出来，只在必要的时候提供一些技术支持。而一些重要的、技术含量高的演示文稿，还是由信息组的教师来完成。因而，辅助教师做 PPT 仍然是信息组教师的重要工作内容之一。

信息技术与课程整合在 90 年代末已经开始。刚起步时称做“计算机辅助教学”，就是把信息技术融入课堂教学，比如在语文课上，通过视频、音乐等，带学生进入情境。后来改成“信息技术与课程整合”，主要是培养学生的学习兴趣，提高学生的信息素养。教师不但要教会学生应用简单的计算机知识，还要培养学生收集信息、处理信息和应用信息的能力。信息获得的渠道也是多样化的，不只是通过网络，还可以通过与人交流以及报纸、书籍等渠道获得的信息。这些是信息获取的渠道，都属于信息技术的范围。学生不但要学会收集信息，更重要的是要学会处理信息和应用信息。

史家小学非常注重信息技术与课堂教学的整合，不但通过各种方式鼓励教师在课堂教学中应用信息技术，还非常注重相关的研究。2004年，学校进行了“加强课题研究，推进教育改革，培养21世纪新型人才《信息技术与课程整合的理论与实践研究》课题”的研究，取得了丰富的研究成果，积累了大量在课堂教学中应用信息技术的案例。

信息技术与课程整合

史家小学还非常注重信息技术在课堂教学中的应用，并取得了一定的成绩。2002年12月20日，学校召开了第二十二届教育教学研讨会。本届研讨会的主题是“教学方式与现代教育技术的整合”。史家小学先进的教学设备为网络学习提供了必要的条件，现代教育技术与各学科课堂教学的整合，使教育教学质量得以进一步提高。会上展示了一节数学课和一节英语课。数学的学习不再是单一的、枯燥的、以被动听讲和练习为主的方式，而是根据学生的年龄特点和心理发展规律选材，呈现形式丰富多彩，充满着学生乐于接触的、有价值的数学题材的学习过程。教师从教室空间的支配者，转换为数学学习活动的组织者、引导者和合作者。数学课程与现代信息技术融合，改变着学生的学习方式和教师的教学方式。五位老师的发言也体现了在各自学科中的大胆探索、勇于创新的精神。研讨会上还印发了由28名老师写的《数学方式与现代教育技术的整合案例集锦》。

2003年11月24日，北京市教委基教处、北京市教科院基础教育教学研究中心在史家小学设置了四个分会场，题目分别是“2003年北京市中小学信息技术与小学英语学科整合论坛——信息技术与教师发展”“2003年北京市中小学信息技术与小学语文学科整合论坛——信息技术与教师发展”“2003年北京市中小学信息技术与小学社会学科整合论坛——信息技术与教师发展”“2003年北京市中小学信息技术与小学思品学科整合论坛——信息技术与教师发展”。“现代信息技术与中小学各学科教学整合的研究”是北京教科院基教研中心主持的全国教育科学“十五”规划重点课题。在这次研讨会上，史家小学的展示课有：英语学科金琳老师的《Where is the rabbit?》和宋莉老师的《This is Peter speaking》，语文学科万平老师的《美丽的北海公园》，社会学科郭志滨老师的录像课《兵马俑》。英语组组长寿小曼老师在大会上汇报了史家小学英语学科与信息技术整合的情况。寿老师的论文《多媒体在英语课堂中的应用》，在北京市中小学信息技术与学科教学整合论文评选中获二等奖。史家小学还展出了英语学科与信息技术整合的展板。

2009年3月28日，史家小学徐莹老师在天津参加了全国教育技术研究“十一五”重点课题——《利用互动技术发展社会化学习网络的研究》赛课活动，获得一等奖。而每个学科只有两名一等奖。现场课是和天津市河东区第一中心小学的六年级学生一起上的。课题是《Unit2　Lesson7 Let's talk about the past.》。

2008年10月18日至22日，史家小学品德与社会学科三名老师参加了在山西省平遥市举办的全国信息技术与学科整合的优质课大赛。“全国信息技术与学科整合”课题是“十一五”期间国家级重点课题，史家小学从“九五”期间就加入到该课题组。在2008年举办的全国第六届信息技术与学科整合优质课大赛中，全国有4000余名选手参赛。史家小学三位参赛的老师在现场说课的决赛中，取得了一个一等奖，两个二等奖。

第2节　信息技术与学科教学的整合引发四种变革

“课程整合”的概念已替代了原来的“计算机辅助教学”的提法。因为从理论到实践，计算机都已不再是辅助教学。“信息技术与学科教学的整合”实现了四种变革。

1. 信息技术与教学内容呈现方式的变革

从教科书中的文字、静止图像以及教师语言，变革为超文本和网络环境中的声、像、图、文综合的动态的资料集成，可以随时选择需要的内容，解决传统教学主要依赖教科书的问题，学生在课堂中接触的信息更丰富。传授式教学还会长期存在，并不会消失，但书与讲授不可能使学生掌握所有的教学内容，解决不了全部教学目标。用书、讲授可以解决“是什么”和“为什么”，但解决不了方法方面的知识。现在强调能力的培养、情感态度价值观的培养，学生只能在长时间的实践活动中形成，这就要借助信息技术、网络和学生的实践活动。

案例6.1 现代教育技术与小学科学教学的整合 / 梁 彤

一、利用电教媒体辅助教学，有利于提供多样化的外部刺激

各种教学媒体在教学过程中的作用是各不相同的，都有其适用的范围和局限性。如幻灯片能再现事物放大的静止图像，但却难以表现一个动态的复杂过程；录像则能形象、生动描述事物的发展过程。而多媒体计算机技术则很好地把它们进行了优化组合，视听兼备，充分地发挥了各种媒体深刻的表现力和良好的重现力，为学生学习提供了多种有效的外部刺激。

例如在《物体的热胀冷缩》一课的教学中，为了引导学生发现问题、提出问题，教师设计这样一个课件。课件开始是一段小朋友烧开水的生活录像。其中放到“盛满水”和“烧时茶壶溢水”等几个情节时，特别定格数秒种，并在“茶壶溢水”时，让画面上的小朋友头脑上出现一个“？”。这样就能很好地引导学生发现问题：水为什么会溢出来呢？再通过讨论做出合理的假设：可能是水受热体积变大了。当学生实验得出“物体有热胀冷缩的性质”时，再利用课件展示这样一段场景：筑路工人筑路时，每隔一段都要开一道裂缝并填进沥青。这时出示问题：为什么修路时，每隔一段都要开一道裂缝呢？当学生初步理解时，再继续播放，通过不开裂缝的路面与开裂缝路面的热胀冷缩情况对比，让学生进一步明确问题的原因所在。

二、运用电教媒体引发兴趣，有利于消除心理疲劳

兴趣是学习动机中最为现实的、最为活跃的因素，小学生对知识接受的多少、能力提高的程度与兴趣有着至关重要的联系。说教式、

填鸭式的教法会使学生感到枯燥无趣而产生厌倦心理。而用色彩鲜明、图文并茂的电脑辅助教学，可将教学活动变得生动、活泼、有趣，使学习气氛变得轻松，易于激发学生的学习兴趣。这种兴趣的产生不但能解除学生心理疲劳，还能吸引学生课堂上的有意注意和无意注意，推动学生的求知欲。在这种兴奋、愉快、轻松的心态下，他们听得全神贯注，看得目不转睛，思考回答精力集中，对知识学得快、记得牢。例如《昆虫》一课，考虑到学生对昆虫的概念一是陌生，二是容易把一些小动物当成昆虫，为了便于学生理解什么是昆虫，它有哪些特征，教师自制了蚂蚁、蜻蜓、蝗虫形体活动的复合片。通过投影，学生清清楚楚地看到蚂蚁的身体外形可分为头、胸、腹三部分，头部有一对触角，胸部有三对足。然后，教师打出文字定义：像蚂蚁、蜻蜓、蝗虫这样，身体分为头、胸、腹三部分，头部有一对触角，胸部有三对足的动物叫昆虫。随后教师重点强调昆虫的外形特征体现在胸部有三对足。凡是具备这个特征的动物都是昆虫，不具备这个特征的动物就不是昆虫。最后教师又出示了蜘蛛、蜈蚣等九种动物的大幻灯片，让学生根据昆虫特征找出哪些是昆虫，学生很快地找出了螳螂、苍蝇、蚜虫是昆虫。教师紧接着质疑：蜘蛛为什么不是昆虫？学生们异口同声地答道：因为蜘蛛有四对足，所以它不是昆虫。这节课学生在短暂的10分钟内，理解和掌握了昆虫这一概念。在教学中，恰当运用实投教学，能使难以见到的现象清晰可见，能使抽象事物具体化、形象化，不但突出了重点、突破了难点，还大大压缩了教学时间，增大了课堂40分钟的效率，而且使学生无心理疲劳，在愉快、轻松的气氛中学习。

三、运用电教媒体，有利于引导观察和丰富感知

小学生的认识具有具体形象性、具体行动性和不稳定性的特点，他们的观察常常停留在那些显而易见的表面现象上，而容易忽视较隐蔽的

本质特征。因此，在实际教学时引入电教手段，用以指导学生仔细观察，认识事物之间的各种联系，纠正错误的认识就显得尤为重要了。

电教媒体可化小为大，放大事物的本质特征。例如在《爬行动物》一课的教学中，教师利用实物投影将蚯蚓和蛇的腹部放大，学生就可以清晰地看到蚯蚓身上的刚毛和蛇腹部一节一节的鳞片，找到了它们行动的奥秘。

电教媒体可化远为近，变复杂为简单。例如四季知识、星座知识、地球的构造及火山等，这些知识离我们很遥远、很抽象、很深奥。教这部分知识时，教师利用电教手段并运用故事、传说的形式，唤起学生丰富的想象，使遥远的事物“再现眼前”、抽象的概念具体化。学生乐学好听，收到了理想的教学效果。

四、运用电教媒体疏通思路，有利于优化实验过程

小学科学课实验教学，就学生而言是一个认识过程，其特点是无意识实验占主导地位，有意识实验还很不稳定。为此，笔者借助电教手段，有目的地创造一个良好的实验情境，强化目标，指导学生实验。例如在《反冲》的教学中，教师通过放映“中国是火箭的故乡”“现代火箭的发明”以及“人类乘航天飞机登上月球”等录像片，其中有生动的演示画面和形象的语言启发，为实验教学创设了一个良好的开端。

培养学生的实验能力是科学课教学的一个重要任务。科学课有大量的分组实验内容，实际教学中常会遇到以下困难：课堂上要完成好几项实验内容，若按老师讲一点、学生做一步的方式，不仅效率低，而且不利于培养学生的创新能力。学生在实验操作中往往会受思维定式的影响，遇到问题便无从下手。例如《根的作用》一课，用实验证明植物是用根来吸收水分时，学生往往忽略了在水面上滴些植物油。

实验表明，引入电教媒体，发挥其放大、新颖、程序清晰的优点，

结合适时点拨，能有效地克服以上困难，起到事半功倍的效果。例如在《电磁铁》一课的教学中，让学生通过实验认识到增加串联电池，电磁铁的磁力就会加大，教师接着向学生提问："你还知道有什么办法增加电磁铁的磁力吗？"并把电脑课件放出来，帮助启发学生的思维，这样有的学生经过思考提出用增减线圈匝数的方法。此时，再让学生通过实验加以验证，既开拓了学生的思路，又培养了学生们的创造精神。又如《热传导》一课，教师将"实验顺序""操作方法""思考与回答"的环节用电脑放出来，学生按照这些环节独立操作实验，观察和分析实验现象，归纳并得出结论，有条不紊地完成了实验。借助电教媒体疏通了障碍，增强了实验教学的密度，达到了优化的目的。

五、运用电教媒体，有利于培养和发展学生的思维能力

思维能力是智力的核心。对于种种自然现象和事物进行去粗取精、去伪存真、由此及彼、由表及里的加工和概括，可以不断培养和发展学生的思维能力。而音画同步，正是在科学课教学中培养和发展这种能力的一种极为重要的方法。学生的思维活动，主要是凭借事物的具体形象和表象进行的，运用电教媒体的声、形、色特点提供生动直观的画面，为培养学生的思维能力提供了可靠的感性依据和条件。如讲授《地球引力》一课，教师提出问题："为什么居住在地球各个方向的人都和我们一样，把正对头顶的天空上方叫'上'，把朝向脚下大地的方向叫'下'？"为了引导学生进行思考，笔者制作了一框旋转式电脑课件，让学生从银幕的图像上看到，站在地球上的人不论在什么位置，"上"字都在外圈，"下"字都在内圈，从上到下的方向都指向地心。从而打开了学生的思路，调动了学生思维活动的积极性。

六、运用电教媒体，有利于优化学习的情境

小学生由于心智发展尚未成熟，受感性知识和社会实践的局限性，感性思维正处在向形象思维、逻辑思维过渡的阶段。作为教师，要按其心智水平和发展规律对教学方法进行选择优化，才能使学生以最佳状态获取知识。尤其在推进素质教育的过程中，教学的功能不断扩充，课堂教学不仅仅是单纯的传授知识，而是要求教师以知识为载体，着力培养学生的思想情感、意志品质、学习方法和行为习惯，培养学生的创新精神和实践能力。教学要求的变化更加要求教师要讲求教学艺术，特别是要为学生创设一个优良的学习环境。这样能使学生真正发挥主体作用，自觉主动地学习探索。电教媒体引入课堂教学，对促进和优化教学情境有着不可替代的作用。例如在《两栖动物》一课的教学中，笔者以一支优美的歌曲《小青蛙》轻松自然地把学生的注意力吸引到课堂中，为整课的学习做了很好的铺垫与准备；在教授过程中，为学生们提供了充足的电脑软件资源，他们自行查阅资料、整理资料，并且相互交流探讨，从而形成了民主、和谐的学习气氛，取得了良好的教学效果。

七、运用电教媒体教学，有利于巩固学生的记忆

在小学科学课教学中，用实投、电脑课件等电教媒体进行教学，能使学生充分地利用视觉和听觉去获取知识、培养能力，从而使学生的记忆力得以巩固和加强。心理学研究阐明：人们的学习通过视觉获得的知识占83%，听觉占11%，嗅觉占3.5%，触觉占1.5%，味觉占1%。这一比率证明，视觉和听觉在学习中所起的作用最大。所以，在科学课的教学中充分利用电教媒体进行教学，其教学效果一定大大超过那种只是干巴巴的听、不看的填鸭式教法。

有关人的记忆，专家们曾通过研究得出：①采用传统的口授教法、让学生只听，三小时后，能记住60%；②采用先看不听的方法，三小时后能记住70%；③如果视听并用，三小时后能记住90%。三天以后，这三种学习方法产生的记忆分别是：①只听不看，能记住15%；②只看不听，能记住40%；③听看并用能记住75%。上述比率说明，三天以后的记忆视听并用大于前两者之和，这充分证明，“百闻不如一见”是有科学根据的。

为此，在教学中，教师应尽量利用视频媒体。如在《两栖动物》一课时，利用多媒体计算机，把学生不易观察到的青蛙、蟾蜍、蝾螈的生长过程，用录像和动画的形式展示给学生，让学生进行比较归纳得出两栖动物的共同特征：幼体生活在水里，用鳃呼吸；长大后在岸上生活，用肺呼吸。这些视频媒体的生动性，使学生处于变幻刺激的满足中，更起到了强化记忆的功效。

八、利用电教媒体网络教学，有利于延伸课堂教学

利用电教媒体进行网络教学，使学生的学习摆脱了以往教学中以教师、教材、课堂为主要渠道接受知识的模式，让他们在多元化的学习环境中获得更有用的、更富有个性的知识。通过网络可以扩展学生之间的交流方式，并使其学到了传统课堂里学不到的知识。他们随时可以调出网上极为丰富的信息，而不受区域、时间等条件的限制，充分利用学校、图书馆、博物馆等资源，掌握最新最全的第一手资料，利用 E-mail 提交作业。通过网络让学生进行讨论，相互交流。随着信息量的增加，视野的扩大，学生也将逐步增加对知识的掌握，对世界的了解，可以根据自己的能力、需要和兴趣进行学习，使学习向自主化、个性化发展，学生的注意力也将大大集中，随之学生的综合素质也会提高。如《地震》多媒体网络教学一课，通过学生自主探究式学习，了解地震给人类带来的危害，知道地震产生的原因，认识地震时应采取的一些应急措施。通过

观察、搜集和交流信息，体验多媒体网络学习的乐趣，了解国内外地震学的有关发展情况，激发学生探究大自然的兴趣。

不同的电教媒体有不同的特点，在选择电教媒体时要扬长避短，要根据教学内容、教学目标和学生的认知水平及年龄特征，充分发挥各类媒体的特点，选择最能优化课堂教学的媒体，并在恰当的环节出现，才能创造优化课堂教学的最佳效果。

案例6.2 浅谈新课程下信息技术在数学教学中的应用／范 鹏

素材是制作数学课件的难点，有时需要的素材不容易在网上找到，因此，只能够自己做，而且总觉得自己做的好用些，用CAI（多媒体辅助教学）课件能够很好地解决教学中的这个问题，取得意想不到的效果。下面是我在教学中的点滴感受。

一、多媒体教育技术手段与课堂导入的和谐统一

一位教育家曾经说过："良好的开端是成功的一半。"他恰如其分地提醒我们：课堂导入的好坏将直接影响到整节课的教学步骤和教学内容的完成，甚至还会影响到整个教学的成败。在教学中，可以有很多种课堂教学导入法，这些课堂教学导入法一般都借助于教师的言语表达引趣、设疑、诱发和创设情境等等。但创设情境只借助于教师的言语表达，显然是不够的，它还可以借助于一定的音像效果，如录音、录像、影片、图片等。而利用多媒体计算机辅助教学，把功能强大的表现手段与课堂导向结合起来，效果更佳。在《租车与购票问题》这一课的教学中，我就是利用计算机进行演示教学，给学生创设一定的情境。例如，开始上课时，我就告诉学生："同学们，你们喜欢出去游玩吗？都去过哪些

地方？那里有什么好玩、好看的景点？这节课老师就和你们一块去长城公园逛一逛，请看。”多媒体出示公园门口师生买门票的情形；板书课题：逛公园。“不过，我们都知道进公园游玩时首先要干什么？（买门票。）下面我们先看一下长城公园对买票有什么规定。”多媒体出示“长城公园售票处规定：单人票价 15 元，团体票价 120 元（供 10 人进园游览）”的字样，并附有配音。“团体票是什么意思？你们看有位老师正好领着他的学生进公园游览呢！看他们是怎样买票的。”多媒体出示王老师说的话：“请同学们帮帮忙，我们 49 名师生想进公园，该怎样买门票？”并附有配音。“同学们愿意不愿意帮帮他们？”像这样的课堂导入与多媒体计算机辅助教学紧密联系在一起，创设情境，通过生动的感知诱发动机，集中有意的指向，激活思维，为学习新课作了很好的铺垫。

二、多媒体教育技术手段与突破教材重难点的和谐统一

教材的重点是指教材中能集中表现教材的基本概念、基本原理、基本方法和基本要求，占有重要的地位。教材的难点是指教学内容抽象，逻辑推理复杂，知识盘根错节，学生难以理解和掌握，或者容易产生和引起混淆的内容。那么，为什么学生学习这部分教材的认知心理过程会产生混淆和不理解呢？其主要原因是数学知识的内容是抽象性的，而儿童的思维是具体、直观性的，这两者之间的矛盾引起了学生学习的障碍，为了沟通数学知识内容的抽象性与儿童思维的具体性之间的天堑，我在制定教学策略时充分利用多媒体计算机教学的优势，努力做到数学的抽象性和儿童思维的具体性的和谐统一。因此，在把握教材重难点的同时，还要探索儿童认知规律：动作、感知、表象概念、规律。在教师的操作示范中，借助于先进的教学手段，给学生以直观感受，建立表象，化难为易，把多媒体教育技术手段与突破教学重难点有机统一起来。在突破教学重点时，例如在讲

《平行线》时，让学生理解平行线的意义是本课的难点，在突破这一难点时，我设计了这样的课件，首先，出示了几组线，让学生根据位置关系进行分类，分出相交与不相交两种，其中有两组线是看似不相交但通过延长两条线最终还是会相交。当个别同学提出疑问时，只要轻轻点击这组线，就可以演示出延长后相交的过程。十分清晰，当点击不相交的情况时，学生会清晰地看到无论两条线怎样延长最终也不会相交。从而，得出平行线具有的一个重要特性：不相交。通过这样的演示，既突破了教学的难点，也使学生容易接受，取得了良好的教学效果。

2. 信息技术与学生学习方式的变革

信息技术与学生学习方式的变革无必然的因果关系，这取决于使用信息技术是否得当。学习方式的变革就是要改变传统的老师讲、学生只是听的方式。夸美纽斯说过："我们的教学工作者应该用任何可能的方式把孩子们的求知欲望激发起来。"以往，我们传统的教学，学生只能以听觉或是视觉的单一方式来接收，常常使学生缺乏学习兴趣。信息技术手段以直观、多元的方式导入，往往给学生以视听觉等多种感官的冲击，适应了小学生好奇、好动、有意注意时间短、持久性差的特点，一下子就能抓住学生的心。改变传统学习注重知识接受的倾向，培养学生积极主动的学习态度。同时，信息技术能够提供环境让学生主动参与、乐于探究、勤于动手，培养学生搜集和处理信息的能力，获取新知识的能力、适应能力、应变能力、分析和解决问题的能力以及交流合作的能力。在信息化学习环境中，学习者必须学会利用资源进行学习，学会在数字化情境中进行自主发现的学习，学会利用网络通信工具进行协商交流、协作讨论式的学习，学会利用信息加工工具和创作平台进行实践创造的学习。使用信息技术要有利于自主探究，分层教学，个别化学习和合作学习。

案例6.3 现代信息技术让小学数学课堂更有魅力 / 常媛媛

计算机辅助教学作为现代化的教学手段，与常规教学手段相比，有其独特的优势，能根据教学需要将教学内容实现大与小、远与近、动与静、快与慢、虚与实之间的相互转换，它能突破时间和空间的限制，生动形象地再现事物发生和发展的过程，从而在小学数学学科的抽象性和逻辑性与小学生思维的具体形象性之间架起桥梁。为此，新课程非常重视现代信息技术的发展对数学教育的价值、目标、内容以及教与学的方式产生的重大影响。《数学课程标准》中强调，数学课程的设计与实施应重视运用现代信息技术，特别要充分考虑计算器、计算机对数学学习内容和方法的影响，大力开发并向学生提供更为丰富的学习资源，把现代信息技术作为学生学习数学和解决问题的强有力工具，致力于改变学生的学习方式，使学生乐意并有更多的精力投入到现实的、探索性的数学活动中去。

一、改变学习方式，优化学生的自主探究

例如，小学三年级数学的"年、月、日"的内容是学生在生活实际中或多或少接触过的知识，面对每个学生对其已有生活经验的基础的不同，如何让每个学生都有新的收获呢？最好采用分层施教的教学策略，而网络教学是最佳的实施分层教学的载体。围绕新课程提倡的"网络查阅，自主探究——发现问题，协作商讨——探究实质，解决问题"的基本模式展开教学，具体做法如下。

（1）教师预先收集相关资源，建立主题网站，让学生在网站上自由浏览，再根据自主学习任务的内容，进行小组合作。由易到难，循序渐进地自主探究年、月、日之间的关系。

（2）分工协作完成教师布置的思考题，在班上汇报本小组的学习成果及发现的问题。

（3）在各组汇报的基础上，师生共同交流，探究问题的实质，想出解决问题的办法。

这样，学生自己上网浏览，通过观察、分析、讨论，将每年都有12个月，有些月是31天，有的是30天，每四年出现一个闰年等知识完整地总结了出来，自主地将生活知识系统化，低时高效地完成了学习任务，自信心受到很大鼓舞，加之多媒体网络的刺激让学生对已有的知识不再满足，学生们兴奋地提问：历法是怎么来的？为什么不把每个月都定为30天，又方便又好记？为什么年份中有365天和366天之分呢？闰年是怎么回事？而对学生们要求不一的纷繁提问，我指指电脑说："请自己到网上查询，网站上提供了丰富的资源和答案，你们一定能解决这些问题！"这样，学生各取所需、自由自在地在主题网站上畅游，满足了他们不同的需要，优生从被动等待中解放出来，后进生从被动压抑中释放出来；小学数学教学课堂呈现出多边互动、轻松愉快、生动活泼的场面，每个学生都在自觉地寻求知识发展自己；主动性、积极性、趣味性由于多媒体技术的介入而融为一体，学习效率和教学方法相应得到提高。

二、改变学习模式，优化学生的主体地位

在网络教学中，每位学生的能力不同。他们可以根据自身的情况有选择地学习。学生在学习内容上可以有针对性，自己认为难的，多看多想多讨论，或查阅各种资料；而自己觉得容易的，则可少花时间。在做习题时，学生可以根据自己的实际情况选做不同难度的题目，甚至可以根据喜好选做不同的题型。

新课改精神，强调了"在生活中学数学"的学习方式，凸现了学生的

主体地位。如“元、角、分的认识”和“千克、克的认识”，是小学数学教材中三年级学生比较难掌握的学习内容，传统的教学常常使学生囫囵吞枣，难以用课本上的知识去解决生活中的实际问题。为此，我们专门设计了一份调查报告表，让学生分小组到超市去了解商品的价格和重量，顺便了解商品的其他情况。再根据学生的报告，创设一个“百货大楼”的主题网站。“百货大楼”里分为食品区、家电区、生活用品区等，商品琳琅满目，让学生兴奋不已，大大激发了他们强烈的参与欲，迫不及待地想在网上做“商家”与“顾客”。有的学生们自己当售货员，根据单价算出金额。也可以当“顾客”，自由地去花钱购物，将手中的钱计划着花，合理去用，大家的学习热情达到了高潮……最后，根据自己的购物经历，挑选适合自己的题型，独立完成课后难度不同的习题，并写出自己的体会。学生们写道：“上数学课真好玩，学的知识可以帮助我买东西了”……学生将各自的体会放在网站的论坛里，让别人自由浏览，相互学习和交流。

整个教学过程，学生主动参与，互动性得以充分展示，学与教通过网络紧密地联系在一起，缩短了教学内容和生活经验之间的距离，既提高了学生解决实际问题的能力，又提高了课堂教学效率，优化了学生的主体地位，实现了课程整合。

“电子白板”作为新一代的多媒体技术，在现代小学教学中已开始运用。“黑板”变“白板”，教学更精彩。特别是在数学教学活动中，不需要将所用工具事先都准备好，只要有足够的资源库存，可以在上课的同时随时选择，按需使用。教师只要在白板边就可用电磁笔在白板上操作电脑，还可用电磁笔自由书写，直接点击板擦，随便涂改。教师可随意对投射到白板上的任何画面进行注释讲解，用电磁笔实现在白板上的无痕书写与图画，电子笔可以任意选择颜色、调节粗细，不用直尺、三角板、圆规等工具就可以轻松画出各种漂亮的图形。老师终于可以重新站起来和学生面对面地交流了，一个眼神、一个手势等多种方式与学生充分互动交流，演绎精彩课堂。

一个好的电子白板课件应该是操作简便、交互良好的。所以在设计制作课件时，我充分考虑课堂教学的实际需要，注重突出操作课件的灵活性。正因为充分考虑到了这一点，我在课堂操作课件时，能根据教学需要随意控制和调整，学生在使用课件时，也只需要按住拖动这基本的操作即可，非常便捷。电子白板教学课件比单一的媒体教学给予学生更大空间，为其自己探索学习知识提供便利，但大量信息的来源不是单纯的各种媒体信息的叠加，而是经过我们的筛选，为孩子提供他们所想了解的各种信息，让学生的学习打破常规的限制，了解和获取更广泛的多领域的知识。应用交互式电子白板给我最明显的感受是提高了课堂教学效率，教师不用总在电脑旁翻阅幻灯片，可以一直在大屏幕前和学生交流，只需点击一下屏幕就能自动翻页，还能利用白板的批注功能或聚光灯功能在幻灯片上进行有针对性的讲解。在练习中，白板功能体现的比较突出，学生能够自主选择，不需要按照教师事先设计好的顺序思考。拉动图片或文字的功能大大提高了学生学习的积极性，学生能踊跃地回答问题。电子白板教学活动兼有学科教学、游戏娱乐等特征，它能使学生在活动中始终处于积极主动的状态，保持愉快的情绪，从而激发学生学习探索的兴趣，引发他们主动学习和求知的愿望。

三、利用网络特性，优化学生的协作学习

信息时代，网络技术的最大贡献是突破了人际交往的时空界限，使“天涯若比邻”成为现实。网络教学使学生的学习过程具有广泛的交互性，学生不再受教室束缚，协作的范围从班上的小组扩展到整个班级，以及班与班之间、年级与年级之间、校与校之间，甚至一个国家与另一个国

家的学生，学伴可能是同班同学，也可能是另一国家的学生，大家可以互相交换意见，分享经验，讨论难题的解决办法。

例如，学生在学习了“速度、时间、路程间的数量关系”“24 时计时法”“小数乘、除法”等知识的基础上，临近寒假时，我们研究确定，让学生设计一份《家庭旅行计划书》的活动。这个活动大约需要一个月时间，主要按照“创设情境，提出问题→小组学习，主动探索→交流协作，达成共识→成果汇报，问题解决”的流程实施。第一步：教师提出问题——“你想知道一份家庭旅行计划书应该有些什么？”第二步：全班学生组织协商讨论，进行分组合作学习，成立 4 个组。第三步：教师提供大量的网上资源，指导学生协作学习。第四步：学生进行小组讨论，完成调查报告，并据此在电脑上设计自己的计划书。第五步：学生根据相关问题，设计 PowerPoint 演示文稿。第六步：全班交流，学生将制成的汇报材料进行演示汇报。

整个活动注重开放，突破课内外的时空界限，学生兴奋不已。假期在家里按照各自的任务，分头上网，通过看电子地图、查询相关的网站，了解从出行地到目的地有多远的距离，可用哪些交通工具，路上需要多长时间，买车、船、机票需要多少钱，用电脑的计算器计算经费的多少、行程的时间等。再通过网络，本小组的同学足不出户一起协商研讨，交换意见。正如学生们说的：“通过网上的查找，我们发现每种交通工具都有它们的优点和缺点：火车便宜但是太慢，飞机是快，可又太贵了，汽车就别提了，因为太远，还得转几趟车。我会当家理财了！”还有的说：“把数学与网络、电脑用在一起，真有意思，太好了！网络真是博大精深！”

网络环境下这样的小学数学实践活动，不仅使学生将人民币、行程、统计等知识和技能有机融于实践活动，培养他们灵活运用数学知识解决现实生活中的实际问题的能力，而且在体验了数学魅力的同时，运用信息技术的能力更加娴熟。

在实践中，我们要不断总结经验提高专业水平，同时我们也应该注意到网络本身是一个巨大的虚拟空间，开放性是一大显著特点，它会给实践带来一些负面影响，在以下几个方面，须加以努力。

（1）网络提供了丰富的资源，但由于小学生的信息搜索、处理的能力还比较有限，学生容易迷航，教师要加强正确引导。还有学生的计算机操作能力有待加强。

（2）网络教学教师起导航作用，因此教师在信息技术水平、教学方法乃至教学理念等方面都有待提高，正所谓：大海航行靠舵手，万物生长靠太阳。

（3）学生不可控制因素太多，上课时随意性很大，不能正确对待网上垃圾信息，迷恋上网聊天、游戏等，分散学习精力。因此，我们绝不能忽视网络道德建设，帮助学生建立正确的网络道德规范，减少网络带来的负面影响，引导学生形成健全的人生观、世界观。

总之，信息技术在数学教学中越来越凸现，可作为学生自主学习、自主探究和师生互动的平台。但信息技术也不可改变其工具性，应服务于教学。信息技术与学科教学的整合决不能完全代替传统教学。在数学课堂教学中使用信息技术要把握好度，不可滥用，过多地使用图像、声音，会影响学生的深入思维，如果使用信息技术不当，还会分散学生的注意力。实践出真知，只有经过实践才能得到经验与教训，只有总结才能提高。信息技术课堂教学与其他学科的整合实践正处于起步阶段，难免存在这样或那样的问题，开展起来也会有这样或那样的困难，但整合的优势是以往普通教学手段无可比拟的。教师只有在现代教育理论的正确指导下，努力探索，大胆实践，认真总结，不断提高自身的能力和水平。

案例6.4 信息技术环境下网络学习方式初探 / 付　航

一、研究步骤

其一，我们根据学生年龄的特点制定了各年级研究专题的方向，各班级根据研究方向成立二级课题研究小组并确定研究课题。

其二，召开了校本课程及“绿色行动”网站启动大会。在大队委员会的“做世纪环保行动的宣传员”“做世纪环保行动的小主人”“做世纪环保行动的小卫士”的倡议下，史家小学拉开了探究自然、保护环境、启迪思维、开创未来的序幕。

其三，引领学生对所研究的内容进行深入探究。每个年级结合研究专题开展生态教育活动：通过上网查找相关资料；利用每月固定的时间进行交流、探索。一组组数字、一幅幅画面，使学生感受到我们保护一个物种，就意味着保护一个生物群落，就意味着保护环境，保护环境就是保护人类自己。

二、在利用网络进行小课题研究中体验快乐

1. 体验选择之乐

让学生有充分的选择空间。选择我喜欢的，喜欢我选择的。“要我做”和“我要做”的主动程度反差是强烈的，给他们权利让他们去选择，给他们机会让他们去体验，给他们条件让他们去锻炼。

（1）情感的自我选择：这里的情感是指学生最感兴趣的，而兴趣又是对所研究事物的原动力。想了解什么，或印象最深刻的。

（2）内容的自我选择：对自己选择的事物进行特性、地域的研究或其他内容的研究。如一年级围绕着走进动物王国、与动物

交朋友为总课题，他们分别进行了几个方面的研究：①了解动物的生活习性；②了解动物的特性。

（3）方法的自我选择：用自己最擅长或最喜欢的方式展示，介绍自己的研究成果。

（4）合作伙伴的自我选择：自由组合，选择配合默契，或相互弥补。

2. 体验积累之乐

为学之道在于厚积薄发。小课题调查中的学是新知识的学，新技能的学，情感再丰富的学。这种学又是在问题发现中学，问题解决中学，再发现新问题中学；是质疑、解疑、再激疑，以求延伸拓展引起更深入的学。

（1）学之有道：一个小课题的解决是知识、意愿、智慧、追求的延伸和拓展，抓住激疑的环节，让学生打开思路，从家庭生活、社会生活、学校生活、个人生活各方面，多角度、多层次地关注自己所能关注的一切，提出问题确定课题，拓展研究渠道，提出一系列新的问题：

人与自我方面：胖学生的调查与分析
男子汉的调查与分析
课余时间安排的调查与分析

人与社会方面：感受数字化
点子击点子

我与家庭方面：我眼中的父母
做一日家庭小主人

人与环境方面：电池利与弊的调查与分析
一次性筷子使用的调查与分析
手绢使用的调查与分析

小课题的调查，让学生通过各种渠道收集他所需要的资料，上网收集、上图书馆查阅、调查采访、问卷统计，让他们利用一切可利用的手段，获取他们所需要的一切，培养了学生信息收集、信息处理的技能。

（2）学之有法：我们认为对学生的教育必须镶嵌在一个多姿多彩的大背景中，他们的认知、情感、行为发展都在这一丰富且宽广的活动环境之中得以实现。在这大背景中，他们会遇到赤橙黄绿青蓝紫中暖色的热情与支持，会遇到中性色调的不冷不热，也会遇到冷色调的冷冷冰冰。

学生以“热”治冷，为了达到获取信息、得到第一手材料的目的，他们靠智慧、靠智谋，不达目的不罢休，这个过程他们体验了很多，自然就学到了很多，真可谓学之有法。

（3）学之有创：课题研究的热情，研究过程中自由的空间学术氛围极大地激发了他们生命的冲动与社会需求，使其情不自禁地投入丰富多彩的活动中，并在活动中表现自我、提升自我、完善自我，展现出蓬勃旺盛的生命力、创造力。

3. 体验指点迷津之乐

我们强调老师在课题研究中的组织、引导作用，注重在学生实践—内化—再实践—再内化过程中融进老师指导—引导—再指导—再引导的对应流程。为强化学生体验的感受，交流彼此的收获，达到资源共享，我们进行了课题发布会，让学生以真实的体验谈出真实的感受。

小课题研究作为一种现代教育方法，其核心是尊重孩子的主体地位，主动发展，引导他们独立学习与工作，并自己提出问题，自己发现问题，自己解决问题。其价值是重视人与人的理解、合作以及人的全面发展。其强调的是学生的情感和道德的体验。其效果是小课题研究不在于学生的研究结果，而在于研究过程，即学生认知、情感、思维、人格、能力全面的培养和锻炼的过程。

小课题的调查研究很好地体现了以学生的问题之路带教育思想的实施之路。其理念、其特点、其价值、其效果，从多方面、多角度让学生体验到了调查与研究的快乐，他们乐在选择，乐在研究，乐在得道，乐在明理，乐在提高，乐在做人。

综上所述，随着信息技术的飞速发展，网络学习方式将成为未来教育中的主要学习方式之一，它是对现有学习方式的补充与完善。网络学习是利用现代信息技术，发展高素质教育的一种教育方式。随着多媒体技术、网络技术和计算机技术的成熟，现代教育技术已向网络学习过渡，代表了现代教育的一个发展方向，体现了先进的教育思想和远程教育的优势。

3. 信息技术与教师教学方式的变革

利用信息技术，可以将知识的表达多媒体化。图文并茂、丰富多彩的知识表现形式，不仅可以有效地激发学生的学习兴趣，使之产生浓厚的学习动机，同时还可提供多种感官的综合刺激，增加获取信息的数量，延长知识的保持时间，从而让学生掌握更多的知识。利用信息技术，既可以构建个别化学习环境，又可以营造协作式学习氛围，因而既可以满足不同认知水平和认知风格的学习者，也可以实施协作式学习策略。

学习方式变革必然引起教师从“讲解者”变为“设计者”“组织者”“引导者”“解疑者”“共同探究者”。在多媒体网络教学环境中，教师的教学方式发生了很大的变化，可以根据教学内容、教学目标和学生的认知水平等不断采用适宜的教学模式，采用多样化的教学手段。教师教学方式的变化带来的是教师的角色变化，也就是说，教师的角色根据教学需要可能不断地发生变化，即使是在一堂课中，教师也有可能在教学的主体(讲授者)、教学的管理者、教学的伙伴、教学的组织者之间作出必要的选择。

案例6.5 充分利用信息技术提高小学科学教学的实效性 / 杨春娜

一、以“再现”展示内容，身临其境

在我们的教材中，常有一些现象和事物是远离学生的生活，使学生可望而不可即，超出他们的理解和想象能力的。当遇到这样的问题时，教师的百般讲解、万种解说都没办法达到预设的效果，学生还是一知半解。这时，若巧妙地把信息技术整合到科学课教学的课堂上，利用电脑屏幕“再现”事物，可以源于事物又高于事物，有着丰富的表现力。信息技术教学新颖生动，感染力强，是一种模拟性、启发性的教学手段，它可以打破时空局限，可以使抽象问题形象化，复杂问题简单化，帮助学生清楚地看到并理解那些神奇的自然现象。比如，教学《日食和月食》一课时，就可利用课件模拟日食、月食的全过程，当月球运动到太阳和地球之间、三个天体在同一条直线上，月球挡住了太阳照射到地球上的光就形成了日食。当地球运动到太阳和月球之间时，三个天体成同一条直线，地球挡住了太阳照射到月球上的光，就发生了月食。通过这一模拟演示，学生对日食和月食的形成就有一个全面的了解。此外,《月相的成因》《火山》《动物的进化》等，都可以运用信息技术手段进行直观呈现，既可以激发学生的学习兴趣，又可以有效提高研究性学习的效率。

二、以“声像”传递信息，加速理解

“图像”和“声音”是传递信息最生动、最直观的媒介。教学内容的难点部分，学生不易理解的地方，借助图像和声音，能带给学生直观的感受，便于理解。课本中的图片都以静态形式存

在，如果搬进电脑，要考虑是否需要对图片做进一步的科学或准确的文字、音频说明和解释；是否需要其他相关图片的加入；是否需要视频的补充；是否需要图片的抽象形式。因而，从这些角度看，信息技术拥有对教科书的补充与进一步解释功能。如学习《关心天气》时，有必要补充广播或电视媒体中描述天气的音频或视频，包括对日常天气或灾害性天气的描述。当然，要根据具体的学习内容来确定呈现、思考和讨论的先后顺序。在《水垢》一课中，教师通过自制的Flash动画使学生体会软水和硬水的含义，通过教师提前录制的去除水垢的短片激发学生用科学知识解决实际问题的探究欲望。

三、以“直观”示范，提高效率

“直观”教学符合小学生的学习心理特点，遵循小学生的认知规律。信息技术作为现代教学媒体声形并行，视听并举，能给学生传递直观、容易理解的信息。学生多种感官参与，感知直接迅速，对所传播的信息接受效率高，减少了将抽象语言转译成自己语言的复杂过程，理解更容易，感受更直接，提高了学习效率。在实际教学过程中，学生在选定某一研究问题后由于缺乏必要的知识经验作为基础，无法对问题的成因提出合理的猜想，对探究的方向和可能出现的实验结果也不能进行推测与假设，最后势必依赖于教师解决问题。而借助信息技术就可以解决这一棘手的问题。如《食物链与食物网》一课，探究的问题是：谁被谁吃？水田里的食物链是什么？这些食物链之间有什么规律？学生分组交流、讨论。我首先利用电脑创设了自然界中的动植物，让学生提出各种猜想。再用录像展示真实的自然界中的食物链来验证猜想。各小组再根据图片及网上收集的资料进行比较和交流。很快就提出猜想：食物链有什么规律？同一种动植物会和哪些动物形成食物链？许多条食物链会形成什么？然后学生分组制定出研究方案来验证猜想：学生分别发现食物链是从植物开始，终止到凶猛的肉食性动物；植物能自己制造食物，是生产者，动物不能自己制造食物，是消费者，许多条食物链彼此交错，形成网状等。各小组将研究的结论相比较，进行归纳综合，共同得出结论：许多条食物链可以形成食物网，一条食物链可分解成多个食物链。

在教学过程中使用多媒体课件研究和分析问题，提高了学生研究问题的准确性，节约研究时间，提高课堂教学的效率。同时也培养了学生利用计算机对科学问题进行收集、研究和分析，提出合理的猜想和假设，并通过各种方法来进行验证的能力。

四、以“趣味”优化教材内容，提高兴趣

夸美纽斯说过：“兴趣是创造一个欢乐和光明的教学环境的主要途径之一。”美国心理学家布鲁纳认为，对学习的最好刺激乃是对所学材料的兴趣。兴趣是推动学生学习的内在动力，是积极学习策略中最现实、最活跃的因素。可以说兴趣是最好的老师，一旦学生对某种事物产生了浓厚的学习兴趣，就会在“兴趣老师”的驱使下向着既定目标不断努力。在语文教学中，教师运用的教学手段如果灵活生动，趣味横溢，必然会更好地实现教学目标。信息技术本身具备无所不能的信息呈现方式，可以用情景模拟、游戏、动画、视频来展现各种学习材料，增强了学习的趣味性，使学生的课堂学习变得轻松活泼。如《鱼》一课，在导入部分，教师用视频给学生放《海底总动员》的片断。通过创设这个情景，吸引了学生的注意力，激发了学生的学习兴趣，学生通过思考提出想要研究的问题，有的问：“鱼是靠什么运动的？”有的问：“鱼是怎样呼吸的？”“什么样的动物是鱼？”……学生的思维被生动的画面激活，提出的各种问题，为下一步的自主探究确定了研究方向。在学生归纳总

结出鱼的共同特征后，教师用视频播放了八种动物在水中生活的片断，让学生一边看一边从中找出哪种是鱼。生动的画面再次吸引了学生的注意力，学生马上用鱼的共同特征当“尺子”，找出是鱼的动物（海马、鲨鱼、比目鱼、燕鱼），巩固了教学重点。

五、以“动手”培养动手能力，巩固认知

学生亲自操作计算机获取知识，既锻炼了动手能力，又可大胆创新，发散思维。实验课的主要任务是指导学生动手操作，以获得正确的知识并形成技能，培养科学的分析方法和科学态度以及发现问题、提出问题、解决问题的创新精神与实践能力。如《动物怎样繁殖后代》一课，教师利用白板制成适宜学生动手操作的课件，把蛙的生长过程打乱，让学生根据蛙的生长过程用鼠标拖动进行排序。这种实际操作能够激发学生的学习兴趣，帮助学生巩固所学知识。如《鱼》一课，在研究了鱼的身体结构以后，让学生利用计算机中的画图软件试着画一条鱼，这样既调动了学生的学习兴趣，又锻炼了动手能力。

信息技术与科学教学整合提高了课堂教学的效率，促使科学教学向信息化发展，为科学教学提供了前所未有的便利条件。在整合中，我们必须坚守以科学学科为中心，将信息技术渗透到科学教学的每一个环节，化为已用，帮助学生进行科学各方面的能力训练，促进学生科学素养的协调发展。现代信息技术的运用既调动了学生学习的积极性和参与热情，又提高了课堂教学效率及教学质量，取得了很好的教学效果。通过运用这种教学方式，教师体会到这种方式更加有利于突破教学的重点和难点，丰富了教学内容，在更广阔的知识空间里启迪了学生思维，发展了学生智力，把学生带入了神秘的大自然中去探索自然的更多奥秘。

案例6.6 计算机辅助教学在数学教学中的优势 / 李　文

信息技术的飞速发展，推动了教育从目的、内容、形式、方法到组织的全面变革。站在教育第一线的教师，完全有必要对教学过程重新认识。《基础教育课程改革纲要（试行）》指出：“大力推进多媒体信息技术在教学过程中的普遍应用，促进信息技术与学科课程的整合，逐步实现教学内容的呈现方式、学生的学习方式、教师的教学方式和师生互动方式的变革，充分发挥信息技术的优势，为学生的学习和发展提供丰富多彩的教育环境和有力的学习工具。”教师运用现代多媒体信息技术对教学活动进行创造性设计，发挥计算机辅助教学的特有功能，把信息技术和数学教学的学科特点结合起来，可以使教学的表现形式更加形象化、多样化、视觉化，有利于充分揭示数学概念的形成与发展、数学思维的过程和实质，展示数学思维的形成过程，使数学课堂教学收到事半功倍的效果。

美国教育家罗伯特•家涅把各种教学媒体的应用看成是学习情景中刺激学习者的组成部分，即教和学的组成部分。教学媒体的种类是多种多样的，每种媒体又都具有自己的功能、特点和局限性，一种媒体的局限性往往又能由其他媒体的优越性来补充。在诸多媒体中，我认为计算机这一媒体的优势最大。在数学课堂教学中，利用计算机对文字、图像、声音、动画等信息进行处理，形成声、像、图、文并茂的多媒体教学系统，进行视、听、触、想等多种方式的形象化教学，既激发了学生的学习兴趣，又有利于学生对数学教学内容的理解和掌握，弥补了传统教学方式的直观感、立体感和动态感等方面的不足，使一些抽象、难懂的内容变得易于理解和掌握，能取得传统教学方法无法取得的效果。因此，在数学教学中教师应结合数学学科和小学生的特点，充分发挥计算机辅助教学的优势，优化小学数学课堂教学。我在教学中的具体做法如下。

一、创设情境，激发兴趣

鲁迅先生说过:“没有兴趣的学习，无异于一种苦役，没有兴趣的地方就没有智慧的灵感。”兴趣是一种具有积极作用的情感，而人的情感又总是在一定的情境中产生的。在数学教学中，如果把数学知识放在一个生动、活泼的情境中去学习，更容易激发学生的学习兴趣，而多媒体计算机系统可展示优美的图像、动听的音乐、有趣的动画，是创设情境的最佳工具。因而在课堂教学中利用CAI图文并茂、声像并举、能动会变、形象直观的特点，创设良好的教学情境，能最大限度地激发学生的学习兴趣，调动学生强烈的学习欲望。

1. 创设学习情境

导入新课时，必须创设好的学习情境以吸引学生的注意力，提高他们的学习兴趣，为学好新知识做好良好的心理准备。计算机辅助教学集音、像、动画于一体，生动形象，在吸引学生的注意与学习兴趣方面，具有其他教学手段所不可比拟的优势。如教学“轴对称图形”时，新课伊始，我就用计算机放映各种轴对称图形的建筑、图形、鲜花等画面，让学生开始就感受到轴对称图形的美和普遍存在性，深深吸引了学生的注意力，激发了他们的求知欲望。

2. 创设问题情境

“学习自疑问开始。”问题是数学的心脏，良好的问题有助于激发学生学习的兴趣与探求知识的欲望。数学知识的获得、数学能力的提高都是在解决问题的过程中实现的，因而在课堂中创设良好的问题情境非常重要。如教学“相遇问题”时，首先借助计算机演示两辆汽车的运动过程，然后提问:“谁能从刚才的画面中说一说汽车的运动状况吗?”因为有了直观动态的演示，学生很快就将相遇问题的关键词“两地、同时、相向、相遇”说了出来。正因为有了直观的感知，学生解答相遇问题也就不困难了。

3. 创设应用情境

数学是应用性很强的学科，大纲中明确规定应使学生“初步学会应用所学知识解决简单的实际问题”。然而常规教学由于受空间、时间等限制，无法有效地创设较多的实际问题情境，限制了学生应用知识解决实际问题能力的发展，而计算机教学媒体却具备这方面的长处，能创设丰富的虚拟应用情境。如教学“长方体的表面积”时，我首先出示各式各样的柜子，然后提问:“如果老师要你们帮忙设计一个衣柜，你会怎样设计?”学生汇报时，老师再用计算机进行演示说明。又如“元、角、分”教学，学生有了基本认识后，利用计算机创设“虚拟商店”让学生当售货员或消费者，进行仿真练习，模拟购物。由于计算机演示具有“复原”功能，因而这种练习可不断重复，使练习效果强化。利用计算机教学媒体创设应用情境，可有效地引导学生的思维进入虚拟的现实世界，通过对方法与策略的思考以及实践操作的想象，达到培养学生应用能力的效果。

4. 创设生活情境

知识来源于生活，生活中处处存在着数学知识。让学生到生活中寻找数学知识是让学生获取知识最直接、有效的方法。而我们不能将课堂教学搬到生活中，只能在课堂上借助计算机创设虚拟的生活情境，让学生有身临其境的感觉。如教学“公顷和平方千米”的认识时，为了让学生正确建立两个大面积单位的空间观念，我在课中放映了许多学生们亲身经历的场面，有游览烈士公园、桔州公园的景象，有学生在学校礼堂开会的场面，有在操场做操的场面，有在教室上课的场面等。让他们感知公顷和平方千米的大小，同时也让他们明白了其实生活中蕴涵着丰富的知识，只要善于发现和思考就能挖掘出来。

二、展现过程，拓展思维

“数学是思维的体操。”数学教学过程不仅是知识的传播过程，更重要的是能力的培养过程，现代教育思想的核心是学生思维能力的培养。

1. 演示过程，培养逻辑思维能力

小学生思维的特点是：由具体形象思维逐步向抽象逻辑思维过渡，而这种抽象逻辑思维还带有很强的具体形象性。利用多媒体技术，能形象逼真地再现知识的产生、形成过程和学生探求知识的学习过程、思维过程，把过程展现在学生面前，促进他们逻辑思维能力的发展。如“圆的面积公式”教学中，需要将圆转化成其他图形来推导圆的面积公式。以前无论是运用教具教师演示，还是制作学具学生操作，都难以较好地完成“曲变直”，而用计算机辅助教学就可以将原来的教具或学具对圆的等分份数提高很多倍，直至无限，而且分的过程具体、形象、清晰，不仅能拼成长方形，还能拼成三角形、梯形，进行推导。这样通过计算机的过程展示，既很好地解决了“曲变直”的认知过程，培养了学生的逻辑思维推理能力，而且还顺利地渗透了极限思想。

2. 扩展时空，培养学生的发散思维与空间想象能力

计算机技术还可以形象地模拟思维世界，再现思维过程，促使学生多向思维、发散思维，培养其空间想象能力和创造力。如学习“平行线”时，采用动画的方法来演示两平行线向两端无限延长直到尽头，让学生结合直观发挥想象，理解“永不相交”的含义。这样弥补了传统教学难以讲清的不足，使学生突破现实的局限，能在脑中展开想象、发散思维，既建立了空间观念，提高了空间想象能力，又从中渗透了“无限”的思维。同时动态演示能使学生的记忆更深刻、更牢固。

三、利用动态，提高技能

1. 模拟演示，提高学生动手操作能力

利用计算机模拟操作比教师用其他手段演示更形象、逼真，与学生实际操作相结合，可以帮助学生正确掌握操作方法，形成操作技能，收到事半功倍的效果。如学习“角的度量”时，先将量角器放大显示在屏幕上，然后用闪亮、着色、移动的方法介绍量角器的构造与使用方法；再显示可活动的角，学习看量角器上的度数；最后指导学生学习量角和画角的方法。这样教学能使学生有效地掌握测量工具的使用方法，克服了使用中的难点，提高了实际操作能力。

2. 加大容量，提高学生练习技能

当教师的都有这样的经历：为节省上课板书时间，课前准备了大量纸条，把板书内容逐条写上；为增加课堂练习量，把各式习题都抄在小黑板上，致使上课出现“纸条到处贴，黑板到处挂”的现象。而在“圆的直径有几条？圆面积计算公式的推导”等问题教学中，由于无法充分展示“无限增加”的效果，使学生信息量不足，接受起来比较困难。CAI介入课堂教学较好地解决了这一难题。由于多媒体技术“动”性强，因而传递信息量大、速度快，再加上交互性强，使高密度、大容量的训练和信息交流成为可能。这样，教师可以精心组织课堂中学生的学习活动，优化了教师的教，也优化了学生的学。

总而言之，计算机辅助数学教学生动形象、音形兼备、吸引学生，具有独特的优势，但选用媒体的首要原则就是——媒体要服从于教学目标，并且要选择适当的介入时机，只有适时使用，恰到好处，才能获得最佳效果。计算机辅助教学虽有众多优势，但不能完全代替传统教学手段，因此教学中学生的独立思考，教师的主导作用仍然不能忽视。教师的语言、表情、姿态、板书始终是连接教学媒体最活跃的因素。教学中

教师应运用多媒体技术的适时辅助，创设丰富的情境，发挥最效应，从而激发学生主动学习，主动获取知识，不断提高学习能力。

4. 信息技术与师生互动方式的变革

信息技术教育与其他学科的课程整合，可以深化学科教学。传统课堂教学中，师生之间存在互动、存在探究，但由于无法获得形象的、直观的教育，这种探究往往受到许多局限，最终，大多还是以教师的主动讲解和学生的被动接受而告终。教学过程不准许学生打断、打乱，不给学生这个机会和时间。学生与学生之间的交流经常被教师打断。运用信息技术构建师生互动型探究课程，是指在现有条件的基础上，把文本、图形、图像、视频、动画和声音等媒体结合起来，并通过计算机、展示台、电子交互白板等进行综合处理和控制，完成一系列随机性交互式操作。使用现代信息技术，实现人机间互动和师生间互动的协调。一位教师可与多个学生交叉互动，远距离交流，及时反馈与校正。课堂上的及时反馈是很重要的，及时反馈，才能及时解决学生的问题。

信息技术作为最先进的教学媒体，优于其他教学媒体的最显著的特点就在于它的交互性。有了交互性，就能及时地反馈信息，实现教师和学生之间的双向交流。教师可对学生的整个学习过程进行个别化的实时指导，真正实现因材施教。

案例6.7　在课堂教学中如何应用互动反馈技术的研究 / 赵彦静

现有常规教学手段，在解决课堂信息反馈方面始终存在效率偏低的问题。老师和学生之间的反馈，只是存在于老师和部分学生之间，而且只是一种简单的反馈，这样以点带面，老师就不能全面掌握学生学习的情况，就不能及时准确地调整教学。这样也就容易导致课堂教学实效的流失，即由于缺乏参与感而造成学生注意力分散，因此课堂教学效率要打更大折扣，这种现象很长时间以来都难以改进。利用互动反馈技术就能够有效地提高课堂教学的实效。因为互动反馈技术要求人手一机，犹如遥控游戏，学生兴趣甚浓，乐意使用，为主动参与提供条件。更重要的是，“互动反馈技术——按按按”训练多为判断、选择，题中设计均为对立、混淆选项，具有挑战性，激发思维，引发探究；同学之间不同见解，又会引发竞争，形成讨论、争论，气氛活跃。

一、激发兴趣，活跃思维

兴趣是学生学习最积极、最活跃的心理因素。布鲁纳说:“最好的学习动机，莫过于学生对所学课程本身具有内在的兴趣。”因此，教学中教师既要关心学生，平等合作，建立朋友式的新型师生关系，营造民主和谐的教学氛围；又要优化教材，创设情境，寓教于趣，以趣促思，开发心理潜能，使学生以良好的认知情绪和浓厚的学习兴趣投入到学习中去。“互动反馈技术——按按按”最独特的是：学生利用遥控器全员参与课堂教学活动，能有效地提高其学习兴趣和注意力。《圆的认识》这节课的引入部分，学生用遥控器选择什么是圆，猜一猜四个答案中哪一个对，目的是激发兴趣引出新知。如果没有“互动反馈技术——按按按”平台，在常规教学中，学生有的会举手，有些胆怯的学生就不举手，特别是拿不定主意的学生淹没在举手中，不在老师的视线内。这种情况下，怎样让各层的学生把他们的思维参与到数学活动中来，一直是长期困扰老师的问题。“互动反馈技术——按按按”平台为我们提供了技术上的手段，学生通过遥控器真正参与进来，小小的遥控器打破了以往只有少数学生参与课堂提问的传统模式，调动了学生学习的积极性，不但保证了参与的广度——人人参与，而且保证了参与的深度——每个学生都可以选择他们认为正确的答案，在规定的时间内还可以随时修正自己的想法。“互动反馈技术——按按按”为学生创造了一个宽松和谐的学习环境，提供给学生一个发展多元智能的机会，让学生得到充分表现自己的机会，满足了学生的兴趣需要，使枯燥的概念教学变得生动有趣，激发了学生学习的积极性，提高了学生的参与度，教学效果得以提高，为学生体验成功做好了心理上的准备。

二、全体参与，尊重个体

人手一机，全体参与，真正做到一个不漏；同时每人既是自主操作，又是必须操作，不受干扰，避免从众心理；还体现了教育教学的“面向全体，尊重个体”。

课堂教学毕竟是面向全体的活动，面对大班额，学生的个性不同，思维发展水平不同，他们主动参与学习的态度不同。有的学生不善于表达或是害怕表达，常常受到“冷落”，时间久了会影响他们的学习情感和思维发展水平。有的学生注意力不集中，时常游离于学习活动之外，收不到应有的学习效果。还有的学生过于表现自己，剥夺了他人的思考和发言权利，时常影响教师对全体的关注。利用互动反馈技术，可以让全体学生平等、平和地参与到学习的过程中来，解决了不表现、忘了表现、过于表现的问题。它可以让胆怯的学生在放松的状态下发表自己的见解，它可以迫使游离于课堂之外的学生回归到课堂活动中来，它保护了激进学生的个性，又便于培养学生良好的学习习惯和学习品行。应用反馈技术，实现全员参与，满足学生的需要。

例如，我在执教《圆的认识》一课时，有如下这样一个片断。

出示下图：

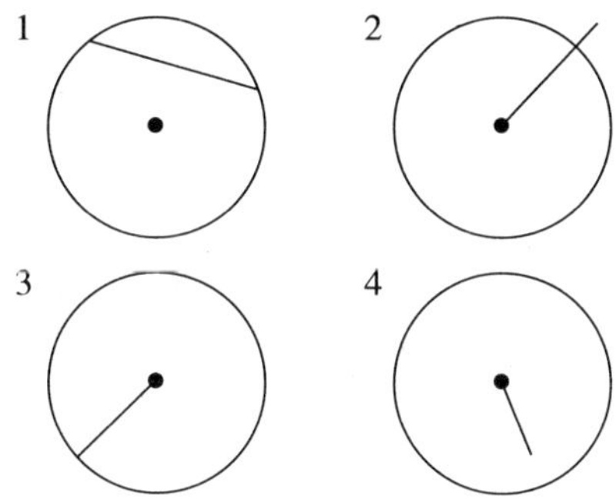

请大家想一想：哪条线段是圆的半径？请选择。

师：请选择答案 1 的同学说说你是怎么想的？

生：老师，我看错序号了，应该是答案 3。下次一定认真看题后再选择。

师：请选择答案 3 的同学说说你们是怎么想的？

生：答案 3 的线段是连接圆心和圆上一点的线段，符合圆半径的定义。

如果没有反馈器，就不利于学生表达出真实的想法。有的学生有从众心理，看选择哪个答案的人多就随之选择哪个；有的学生性格内向，尽管有想法，也不愿在全体学生和老师面前表达出来；还有的学生，本身不爱动脑思考，只想等待结果……这时“按按按”信息反馈技术帮了大忙，使每个学生对问题都要进行独立思考，并通过反馈器把自己的想法表达出来。同时，避免了被别人干扰或说错后被别人取笑的现象发生，为学生思考问题创设了宽松的氛围，尊重学生的个性。必要的时候，通过小小的一个按钮教师就能知道：谁在什么时候选了什么答案。教师通过信息技术走进了学生的思维空间，了解到每位学生的思考过程，从而更利于调控课堂教学。

三、促进思考，调控教学

学生合作交流应在个人独立思考、独立探究的基础上进行，这样的交流合作才有物质基础，才能产生思维碰撞的火花。利用互动反馈技术恰好能克服学生之间的不必要干扰，面对问题做出自己的选择和判断，教师依据这种真实、独立的结果，引导学生验证自己的判断，在此基础上进行的交流、合作才是有理有据且有效的。

学生初期使用“按按按”反馈器时，常常会出现这样的现象：

（1）边说答案边按反馈器；

（2）受说出答案同学的干扰按反馈器，没有反映出学生自己真实的想法；

（3）只追求按的速度，没有经过认真思考，随意按反馈器。

针对这一系列现象，教师在课堂教学中引导学生正确使用这一辅助教学的反馈技术，给学生更多的独立思考时间，把自己对问题的理解真实地反馈出来。经过一段时间的训练，学生都能做到，独立思考问题后，再用“按按按”反馈器表达出自己真实的想法。

例如，《圆的认识》一课中有如下片段。

师：我们研究了圆里的圆心、半径，其实圆里还有一条更重要的线段，知道是什么吗？（引出“直径”。）

请同学们在圆上自己试画一条直径。

然后判断下面圆中的哪条线段是直径。

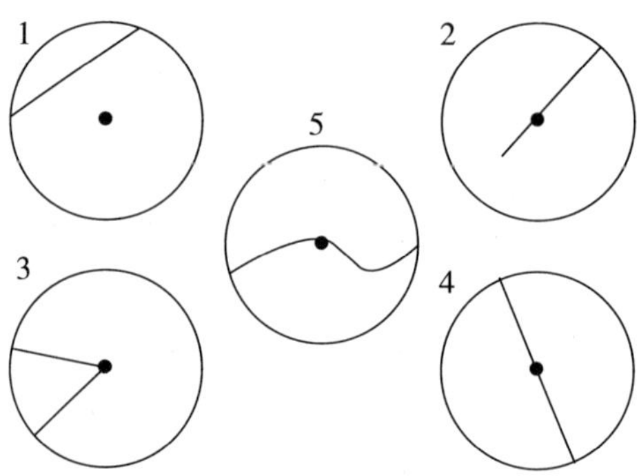

师：为什么大家都选择答案4？答案1、2、3、5为什么不选择？

（从而引出直径的概念。）

当时全班学生都选择对了。此环节用“按按按”反馈器进行选择的目的是了解学生对圆直径概念掌握的情况，虽然没有学习直径的概念，但是学生通过知识的迁移已掌握了圆的直径，课堂上就不用在此花费时间，可以进入后面的学习。利用“互动反馈技术——按按按”使教师能立刻了解学生的学习状况，随时调控课堂进程。

德国教育学家第斯多惠曾说：“教学的艺术不在于传授本领，而在于激励、唤醒、鼓舞。”学生在独立操作、思考的基础上利用“互动反馈技术——按按按”，可以充分发表自己的意见，激发学生的参与、表达的欲望，唤起学生的能动性，而积极学习、乐于学习。

四、构建互动，教学课堂

反馈教学系统还可以不断调整课堂气氛，让每一个孩子在课堂上随时感受成功的喜悦。心理学告诉我们，人的自我表现欲是与生俱来的，而小孩子更是毫无遮掩。教学中为了加强对教学重点、难点的注意和记忆，巩固教学内容，教师可以适时启动该系统，不断调节学生的有意注意和无意注意，让所有的孩子在快乐的自我表现中，迅速反馈最真实有效的信息，教师或肯定给予鼓励，或否定给予提示，或交流给予个别辅导，寓教于乐，游刃有余。现代信息技术进入课堂以后，运用反馈教学系统，构建互动教学课堂，成为提高课堂教学质量的有效手段，不仅调动了大面积学生学习的积极性，而且促进了教师教学技能的提高，还省时省力，事半功倍。

发展性教学理论认为，没有对教学活动的主体参与，主体就不可能取得成功。面对众多的学生，教师难于及时、准确、全面地掌握学生练习的实际情况，难于做到让学生之间进行充分的交流。课堂反馈的真实性、及时性一直是没法解决的问题。课上做判断题、选择题时，大多采用手势表示的方法。它的弊端是学生的从众心理，有些学生看大家都做什么手势自己就随着，有不同的赶紧改过来，老师不能准确地接受反馈信息，也就很难根据课堂实际调整教学的步骤，只能按照事先定好的步骤完成，这样肯定会有一些学生跟不上下面的环节，造成学习困难。长此以往，落后生就产生了。通过反馈教学系统，教师就可以适时地与学生建立反馈联系，学生也可以达到相互学习、相互激励、相互展示、相互竞争的效果。例如本节课的练习部分，在第一题选择后有两位同学出现了错误，他们及时分析错因，改正错误，在第二题选择中没有一人出错，正确率达到百分之百。

激发学生的创新意识，调动其创新勇气，最根本的是要尊重学生的个性和想象力。个性教育对教育者而言，就是承认和发展学生的个性，因材施教，因势利导，培养学生独立进取的品质和积极主动创新的学习精神，引导学生个性在有利于自身发展又不妨碍他人发展的前提下获得尽可能充分的发展。在数学教学中，有些学生经常会出现怕说不好而丢面子，学生的冒险精神被自我扼杀，刚点燃的创新火花被自己熄灭的现象。还有些学生自己不爱动脑筋或对自己的答案没有信心而去抄袭别人的答案，从而养成了懒惰思想，思维能力没有提高。针对这一情况，恰当地借助信息反馈器可以有效地避免这一现象的发生，还可以因势利导地采用分层次教学，使得分层次教学不再是一句空话，从而切实提高教学效率和教学质量。

例如，《圆的认识》一课中的如下片段。

师：我们已知道了圆的各部分名称、特征以及圆的半径和圆心的作用，大家能不能解决下面这个问题？如何找出下面圆的圆心？

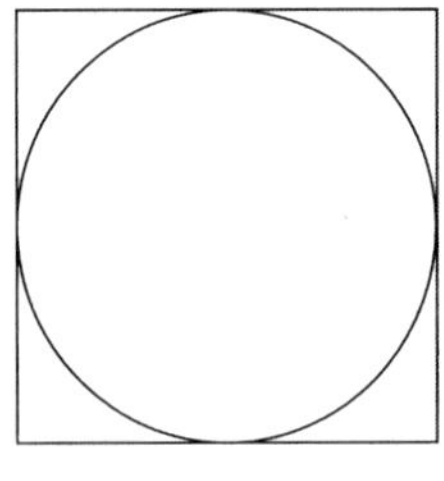

给学生独立思考的时间后，再选择。

1. 从圆上任意两点画出两条线段相交的点为圆心。

2. 从圆内任选一点为圆心。

3. 连接正方形的对角线交点为圆心。

4. 正方形对边的中点连线相交的点为圆心。

以上找圆心方法正确的是（　　）。

有35%的学生选择答案3，有15%的学生选择答案4，有50%的学生选择答案3和4，课上分别请学生代表说明了选择的理由。最后大家一致认为应选择答案3和4。

学生从最初的猜测，共同的探究，到得出结论，再一次选择出正确答案。利用信息反馈器改变了传统的师生关系和交往方式，使学生的学变得更为主动。他们在交流研讨中，不仅学习他人的研究成果，而且对自己所研究的成果有喜悦感、成就感，同时感受到与他人讨论、探究的乐趣。

总之，教师在课堂教学过程中，只有通过实时的师生之间的交互和反馈信息，才能够做到及时调整自己的教学方法、教学思路，引导学生积极探索，亲身体验，主动感知，才能激励学生的创新热忱，满足学生的创新需要。同时，不断促使教师教学技能的触觉迅速由“粉笔 + 黑板”的授课方式向信息技术领域延伸，从而步入现代化教学新型课堂，获取知识的渠道更多，手段更新，内容更活，质量也更高。

课程整合是课程教学过程中把信息技术、信息资源、信息方法、人力资源和课程内容有机结合，共同完成课堂教学任务的一种新型教学方式，是一个动态的有机渗透过程。它并不是将不同的学科相加在一起，而是将课程视为一个整体，将不同的知识整合在一起。整合强调信息技术要服务于课程，强调信息技术应用于教育的出发点首先应当是学科教学，而不是信息技术。既要做到把信息技术作为学科教学的工具和手段，作为学生获取知识与能力的认知工具，又要在学科教学中渗透信息技术知识与技能的学习，在促进学生认知能力发展的同时培养和提高学生的信息素养。

信息技术应用于课堂教学是一个不断发展、不断探索的尝试，只有不断推进教育的信息化，教育的发展才有后劲，学校才能形成自己的特色。但是在推进教育信息化进程中，不能急于求成，要量力而行。要在巩固中求发展，在探索中求深化。要把现代教育思想和先进的教学媒体有机结合起来，使计算机辅助教学与学科特点和谐统一起来，为培养全面、完整的个人而服务。

第3篇

意识领先、技术创新、团结协作、服务争先

——信息技术团队工作理念

“意识领先、技术创新、团结协作、服务争优”，这是史家小学信息技术团队的工作理念。作为史家小学的信息技术教师，必须时刻保持对信息技术发展的敏感性，敏锐地意识到信息技术优化教育过程、学校管理、教师发展的可能性。现代技术不断革新，学校各方面的需求更加多元化，我们必须不断实现技术创新，而不能被动地应付来自各方面的挑战。这要求信息技术团队发扬史家小学的优秀传统之一——团队协作，强调工作中的优势互补、和谐奉献、服务争先，要求每位信息技术老师做到一专多能。

第 7 章
信息技术与课程的整合

伴随着课程改革的整体推进，信息技术对学校发展的影响已经不仅仅局限于教学辅助方法的改进和网络教学资源的丰富上，它对教育理念、课程设置、课堂教学过程、教师专业发展以及校园管理等方面都产生了越来越大的影响。这些变化直接影响了学校信息组的功能和定位，信息组的工作职能停留在“服务”的层次是远远不够的，还要实现“引领”和“创新”。这对信息技术教师提出了很高的要求，不但要技术领先，还要理念先进。

基于上述原因，信息组教师应该具备三个层次的理念。学校提出的办学理念是“一切为了孩子，一切为了明天”，学校的任何工作都不能偏离这个目标，信息组的工作也不例外。信息组要为学生创造更优质的学习环境，同时利用自己的优势为学生的全面和谐发展服务。

粗略统计，信息组主要承担的工作大概有以下 17 项：

（1）史家小学信息化建设；

（2）史家小学网站（www.shijia.org）建设和管理；

（3）信息技术课教学；

（4）东城区课程资源中心（史家小学基地）机器人课和机器医院课程；

（5）全校电教设备采购、安装、维护；

（6）教室多媒体设备（白板、电视、中控、网络、有线电视、语音电铃）的维护；

（7）办公室设备（网络、电话、笔记本电脑），礼堂、演播厅、录课室、传媒中心、信息中心、计算机教室设备维护；

（8）教师培训；

（9）会议、活动服务，多机位录像；

（10）非线性视频编辑；

（11）课件制作；

（12）北京市中小学管理信息系统（CMIS）管理工作；

（13）网上视频家长会；

（14）蓝天工程数据维护工作；

（15）求知计划培训工作；

（16）电教财产保管工作；

（17）其他临时性工作。

除此之外，信息组还要应对全校教师的报修、接待来访以及其他一些临时性任务。有一些公司来学校推销他们的产品，有些产品对学校来说确实是实用的，比如有一个公司推销 HDMI 信号的无线发射装置，摄像机安上这个设备以后，不用布设线路到切换台。每次拍摄学校的各种活动，特别是外出的活动，线路特别复杂，需要提前一天到达现场，保证线必须要够长还要畅通，否则就会出现故障。如果要用这个设备，就可以无线传递信息。有时候，在接待过程中也可以了解到新技术的亮点，信息组也可以借鉴，使接待来访成为一种了解新的技术信息、打开视野的方式。史家小学的知名度吸引了越来越多的相关单位主动与学校结成合作关系，甚至有些公司主动把产品送给学校免费试用。

史家小学向来重视信息技术的应用。这几年间，在网络应用方面，史家小学加强了相关制度建设，制定了管理人员的岗位职责；并且加强了网络软件的建设，从技术层面确保了信息化教育的健康发展。信息组主要承担学校外网的建设、运行和日常维护，协调和参与相应系统的开发，负责学校外网公共信息资源、校园内网及二级网站舆情、通讯信息的更新、管理及监控，还有BBS管理等。学校信息技术工作的核心功能是深化课堂教学与信息技术的整合，为教师的教学创新提供技术支持，积累教育教学资源，促进教师信息素养的提升。

史家小学的信息技术教师具有双重身份，是具有介于学生与教师、教师与技术之间的双重媒介。一方面，他们能够帮助教师解决技术上的难题，如课件的设计，电子设备的准备、运用、维修，用教师能够听懂的语言对他们进行关于多媒体、办公软件等方面的定期培训，帮助教师掌握并运用相关技术，这为增强教师个人素质、开阔视野、创新教学思路和提升工作效率等都开辟了新途径。另一方面，他们对于学生的学习生活等也有相当的了解。在史家小学信息化团队中，教师们都有过从事教育工作的经历，因此，他们会经常性地同任课教师进行课堂设计方面的交流，提出意见，努力为课堂增加新的元素。

信息化发展的首要任务是服务于教学。首先，根据需要，信息化老师会帮助教师制作与课程内容相关的课件，帮助教师解决媒体技术运用的难题，丰富课堂的表现形式，同时也有助于学生理解课程内容，最终达到丰富课堂、提高学生听课效率、学习效率的目的。这是信息化教育工作的首要任务和首要功能。其次，信息化教师通过摄像机，记录任课教师的讲课内容，以影像形式再现课堂情景，全面、完整地记录教师及学生的课堂表现。这就使得课堂的教学具有反复性和可研究性，即教师可以通过不断回顾当堂教学情境，从而发现问题，查漏补缺，进而达到完善教学的目的。史家小学信息化团队的老师凭借多年的探索与研究，他们个人对各学科及具体的知识内容都有独特而专业的解读，对辅助任课教师教学能提出独到的见解。

此外，全校数字化的覆盖，给了老师和学生接近新鲜事物，培养创新精神的基础。学校媒体中心的建设，让每个学生都有机会零距离接触这一复杂的系统，并且学生可以亲力亲为，让他们在了解新闻产生这一过程当中增加各项能力，从小树立如独立思考、统筹协调、分工合作等能力，为培养学生的综合素质、综合能力提供平台。同时，史家小学作为具有标志示范效应的学校，在观念和技术创新上都会引起业界相当高的关注，教学技术领域方面更是如此。史家小学依托以人为本的教育理念，不断进行现代教学的新尝试，尤其在多媒体技术的运用方面，如电脑、iPad 等，为中国未来小学改革，乃至教育改革等方面进行尝试。

第1节　教学创新

20 世纪末至 21 世纪初，我国教育领域出现了一种新动向——强调以计算机为主要代表的信息技术在学校教育领域的应用：加大教育领域的信息技术基础设施建设，强调教师和学生在教与学的过程中使用技术，为教师有效地使用技术进行教学提供专业发展方面的支持，建设资源，等等。所有这些都基于一个前提性的认识：技术在教育领域的应用能促进教育改革。如前文所述，史家小学的信息化建设起步早，教师们很早就使用计算机办公或在课堂教学中应用信息技术，探索新的教学方式。教师们在教学方面的创新往往是从信息技术与学科教学的角度切入的，在计算机远远没有普及的情况下，这种创新非常具有引领性和示范性。

利用网络和多媒体技术，可以构建丰富的、反思性的学习环境，允许学生进行自由探索，有利于他们的批判性、创造性和实用性思维的形成和发展。可以说，计算机的最大教育价值在于让学生获得学习自由，为他们提供可以自由探索、尝试和创造的环境。史家小学很早就认识到了信息技术对于教学创新的巨大价值，并积极在实践中进行教育教学创新。

20 世纪 90 年代，范汝梅副校长代表学校做一节公开课，需要做一个京剧网站。这节课的教学理念非常具有创新性，是探究式学习的先驱。课堂上让学生分组，每组用一台笔记本来访问汪忱主任做的网站，从这个网站里面自己探索所需要的知识，最后进行小组汇报。

这个京剧网站花费了信息技术教师大量心血。这项工作绝不是一个人能完成的。在这个课件中，需要很多京剧名家的唱段，然而名家唱段在网上找不到，因为京剧这个行业是口传心授的，不愿意公开，因此，学校通过各种关系找相关的资源，教师还去京剧院，把教学的录像带借出来，那是一种大盘的老式的录像带，信息组根据需要把相关的片断采集下来，做成视频。为了一位教师能把课上好，信息组的教师付出再多也值得。

信息组愿意把这项工作承担下来，如果让教师孤立无援地自己做，会占用大量的精力，效果也不一定理想。教师们应该把更多的精力用于研究学生、钻研教育，而不必在短时间内深入学习一个软件，教师的精力毕竟是有限的。

很多年前，陈凤伟校长要上一节北京市公开课，讲的内容是“分数的初步认识”，当时的技术条件没有现在先进，课件中需要的好多动画无法像现在这样轻松呈现。为了达到最佳效果，信息组的教师采取一些非常“原始”的方式。比如在课程中有一个叠纸环节，把一张正方形的纸，叠成一个角，这个当时很难在课件中实现，现在可以用 3D 来做。汪忱主任也不知道如何达到这样的效果。后来他想到了这样的办法：用摄像机来拍摄折纸的过程，找一个教师来叠纸，他拿摄像机拍，最后拼成一个视频，和现在的定格动画相似。不仅如此，课件还需要有音乐，这可是汪忱主任的强项，他靠自己弹奏并合成音乐配进去。这个课件做了 15 ~ 20 天左右，一直在不停地修改。课件在教学中的使用，不是一次就成形，往往是先做一个图形，上课的教师先找一个班级试讲，每试讲一次就发现一些问题，需要修改原来的教学设计，课件也随之进行调整。如果课件是 PPT 演示文稿，修改起来比较容易，但如果是用其他软件做的，修改起来就大费周折。后来陈校长上课的时候，在学校里面试讲很成功。但是最后的比赛场地和展示场地是在一个小学校，根本没有相应的设备。为了让陈校长的课达到最佳效果，汪忱主任带着几位信息组的教师开着车，带上全套的设备去那所学校现场安装调试。后来听说那个地方没有音响，还拉着音响、无线话筒、扩大器等去比赛现场，将近一车的设备，为了一个老师去上课，做出这么多的服务。最后陈校长获得了北京市的一等奖。史家小学的教师们经常有各种重大比赛的机会，信息组跟着“千锤百炼”，视十几次大的改动为正常。实际上，为了教师们能为学校争光，需要许多人在背后默默付出。信息组加班是家常便饭，加班加点只为了一位教师的课达到最佳效果。类似的例子有很多。

信息组的教师会集中一切力量来把一件事情做好，这也是史家精神的一种体现。工作中讲究协作，一项工作看似一个人的事情，但大家都会把它当成自己的事情努力做到最好，而且是在快乐当中把这个事情做成的。王欢校长有一个理念，她经常说组织一个活动，好像是“玩游戏”一样地把它做成。像奴隶一样戴着手铐、脚镣，被人拿鞭子抽着去工作，和快乐主动地来做一件事情相比，效率肯定不一样，结果也不一样。强迫的确也能把事情做成，但如果是创造性的工作，恐怕就很难做到最好。

郭志滨老师的一节品德与社会课给大家的印象也非常深刻。她讲的那节课是《埃及》，介绍埃及的风土人情，以及埃及作为四大文明古国的历史和文化。郭志滨老师需要的课件是交互式的，而不是单纯展示性的。在上课时，经常有一些交互环节，比如学生需要了解哪些方面的知识或内容，点开相应的图标，内容就呈现出来。这种呈现方式不是按照既定的顺序来操作，普通的 PPT 无法满足这种交互性的需求。

当时有一个 Authorware 软件，虽然汪忱主任也上过相应的课程，但只经过培训班的四五节课，只是粗粗了解这个软件怎么用，谈不上熟练掌握，要做出一个高品质的课件还是有相当难度的。然而，既然郭志滨老师需要这种形式的课件，汪忱便承诺用这个软件为她做课件。当时这个软件的版本还比较低，经过反复自学和实践，最后汪忱主任用这个软件做出了课件，并且令郭老师非常满意。

让教师在参加比赛时呈现完美的课件，为整节课增光添彩，是信息组教师们最大的愿望，以及通宵不眠的动力。信息组教师们有这样的经验，如果只是为了兴趣学习一个软件，可能花费好多天都未必掌握，而如果为了给教师做出精益求精的课件而学习一个软件，就会给自己很大的动力，要求自己必须做出来，结果也能做出来。这就是任务驱动。在一个又一个的任务驱动下，信息组教师的技术也日臻纯熟。

信息组热情帮助每一位老师，在工作中设身处地为教师着想，尽量满足教师们教育教学工作中的需要，把困难留给自己，把方便让给别人。因为信息组的工作也离不开其他教师的帮助和支持。

第2节　技术培训

史家小学非常注重提高教师的信息素养。学校给教师们提供学习的平台有软件通、中央电视台视频资源库。

史家小学信息中心定期组织对任课教师进行相关培训和学习。比如，2005 年，史家小学建立了“史家小学信息门户网站”，之后信息中心组织对老师们进行了信息门户网站使用方法的培训。从那之后的几年内，该门户网站成为教师在线办公的重要助手。2008 年，学校为每个教室装备了普罗米修斯的电子白板，信息组教师先后多次给教师进行电子白板技术的培训，还阶段性地进行了相关知识的实操测试。2011 年，学校逐步尝试在教室内安装触控电视，信息中心组织对教师进行了相关的技术培训。2012 年初，作为实验试点，学校引入 iPad 进入课堂教学，邀请苹果公司的技术人员对教师进行操作培训，并全程陪同教师进行备课和课后反思等。

信息组举办技术培训是多层次、多角度的。有些培训面向全体教师，如信息技术与课程整合培训、PPT 课件制作培训、阳光 e 家平台使用培训等等。有些培训面向部分教师，如新任教师教室多媒体设备使用培训，普罗米修斯白板课件制作培训，教务办公、新生入学平台培训。还有些培训，感兴趣的老师可以自愿参加，如触控电视使用培训、iPad 在课堂教学中应用的培训等。

从 2012 年第一学期开始，针对教师的信息技术培训由信息组自己承担。其他教师们都认为本学校教师培训的内容，他们能轻松掌握。汪忱主任和付航老师已经成为教师们公认的“优秀培训师”。开学初，汪忱主任先做了一个数字校园新模块的培训，教师反响不错。接着付航老师又给教师培训了学校资源平台的使用，也被教师们广泛认可。与校外的公司专业人员相比，汪忱主任和付航老师更加了解教师们，知道哪些技术对教师们来说接受起来有一定难度，应该怎样把技术术语转换成教师们能听得懂的语言。

iPad 培训

经过多年的摸索，信息组的教师们发现只有自己给教师们做培训，才能达到想要的效果。以前学校也有过这样的经验，每次学校派教师去其他机构学习一个新软件，回来之后没有一位教师能够做到比较系统地掌握。问题出在哪里呢？一般而言，讲课的教师是从事技术开发的技术人员，他们水平高超，令一般的教师望尘莫及。技术人员以他的角度想问题，脱口而出的专业术语让教师们都听不明白，因此培训效果肯定不理想。而信息组的教师作为技术人员与教师之间的“桥梁”，刚好把这个问题解决了。信息组的教师能够理解技术开发人员的专业术语，同时也懂得如何把难懂的术语转换成教师易于理解和掌握的语言。

第3节　课件和音视频编辑制作

随着信息技术与课程整合研究的深入，教师们在课堂上越来越多地应用信息技术手段。信息组全体老师也以极高的热情投入到研究中，帮助老师们制作各类课件、视频和音频，激发学生的学习兴趣、突出教学重点、突破教学难点、提高课堂教学效率。

例如在《平行线》一课中，平行线的定义是：在同一平面内不相交的两条直线叫做平行线。为了突破教学难点“不在同一平面内时，即使两条直线不相交也不是平行线”，信息组教师和数学教师共同备课，设计出这样的课件突破了教学难点：一座跨江大桥，车在桥面上行驶，船在水面上航行。桥面和水面不是同一平面，车和船行驶的轨迹虽然不相交但不是平行线。这是在20世纪90年代末，各种课件制作工具并不完善。信息组教师自学了专业的三维制作软件3DS，一点一点建立桥、船、车的模型，一帧一帧制作三维动画，根据设计要求每秒30帧动画，短短10秒钟的动画要对300张画面进行设置。短短10秒钟的动画，信息组教师制作了3天，熬过了3个不眠之夜。令教师们欣慰的是，课件在教学中取得了非常好的效果。

数学教师在教学环节中应用这个课件只有10秒钟，但是信息组教师要用十天甚至半个月的时间来做这个课件。首先要学习这个软件，平常工作中用3D的东西并不太多，但为了满足上课教师的需要，就必须学习，花费很多时间来学习这个软件；而且当时的机器设备还是很多年前的老机器，记得当时还是486的计算机，做完课件以后光生成就用了20个小时，中间还死了一回机，把整个硬盘都占满了，当时机器速度慢，硬盘也小。

在讲授《圆柱和圆锥的认识》一课中，任课教师追求这样的效果：长方形旋转成圆柱，旋转成圆锥。史家小学老师信息技术水平还是很高的，很多课件都不找信息组的教师做，都是自己就能做，一般在PPT中链接视频、音频这些都不用求助。但是把一个长方形，旋转一周变成一个圆柱，这是一个立体效果，教师用常规手段没办法实现，就需要信息组的帮助。信息组路莹老师用 Flash 软件一点点地做出了教师理想的效果。

课件制作可以帮助教师改善教学方法，为教师提供技术支持。提供教学资源是信息技术教师工作中很重要的一部分内容。任课教师们的信息技术水平普遍较高，但是对于难度较高的技术，比如截取视频等，一般教师会需要信息组的帮助。

信息组教师自觉地、主动地为教师们寻找并积累特殊的资源。比如有一位教师需要一张一匹凶狠的狼掉进森林中的大坑的图片，很难找到正好匹配的。这时，这种情况可求助于信息组，信息组的教师平时注意积累特殊资源，即便没有现成的，也会想尽一切办法帮助教师寻找这些资源。

信息组的教师平时便有意识地、尽可能多地收集教学资源。史家小学经常承办东城区、北京市甚至是全国的教学大赛。比赛结束后，信息组会把校内和校外教师的课件统一分类整理，放进学校的资源库，以备教师们查阅和使用。学校的资源库内容很丰富，这是信息组的教师们和其他教师共同建设起来的。资源库中有大量的照片、视频和课件，除了信息组教师自己制作的，还有教师们从网络上下载、收集的资源，都统一上传到资源库供教师分享。

信息组的教师还利用信息技术方面的优势，经常为教师们拓展教学资源。我校正在试用“人教数字校园”项目，包括大量人民教育社的教材及教学辅助资源，与学校使用的教材正好匹配。教师可以直接使用这些资源备课和上课。除了教师自己下载的，还有购买的资料，也可成为教师教育教学和专业成长的资源。

史家小学积累的教育教学资源，使教师在更高的起点上进行研究和实践。随着教师信息意识增强，他们会更加主动参与学校资源库的建设，这个资源库将越来越丰富，越来越系统，成为教师提升教育教学质量的基础。

第4节　录制课堂实录

课堂实录能够真实地反应课堂的实际情况，对教师改进教学有着不可替代的作用。信息组每学期都要录制大量高水平的课堂实录，为教学服务。为了保证拍摄质量，信息组常常采用双机位的录制方法。1 号机位主要负责拍摄老师的教学活动，以全景和中景为主；2 号机位负责拍摄学生活动，以特写为主。导播进行切编，把两个机位以及课件的三个画面合理切换，以达到最好效果。虽然双机位拍摄需要三位信息技术教师的协作，而且比起单机位拍摄的工作量大了许多，但信息技术教师为了提高拍摄质量而乐此不疲。

仅 2012 年 3 月信息组拍摄各类课堂实录 44 节，平均每天 1.5 节。在东兴杯数学高年级段比赛中，一天拍摄了 7 节课，一天下来，大家累得都不想说话了，但还是咬牙坚持进行后期制作，采集、编辑、生成、刻录，一直工作到晚上 9 点多。

史家小学的公开课特别多，只要有公开课，信息组都要精心录制下来并编辑成教学视频。如果学校有活动，信息组去摄影、摄像，全程跟踪。如果教师有做课件的需求，信息组就帮助他们做课件。信息组是一个为教师全方位服务的部门。

史家小学信息组教师有双重身份，既是技术人员，同时也是教师。这也恰恰是信息组的优势所在。与校外的信息技术人员相比，信息技术教师更了解教师，更重视与教师沟通。

有些学校把电教组取消，把录课的工作都承包给校外的公司来做。事实证明这种做法并不成功。因为公司的技术人员不知道教师上课是怎么回事。史家小学信息组技术教师们认为，录课的意义在于用摄像机代替教师的眼睛来捕捉课堂教学的过程和某些细节。录课与录婚礼不一样，作为教师，信息技术教师知道在课堂的哪个环节应该关注谁，关注哪些细节。

信息组的教师越来越专业化，虽然亲自上课的机会不是太多，但是录得多、听得多。录课时间长了，能感受到各个教师的教学风格，这节课是否成功，以及教师上课时哪里存在问题。信息组的教师们只会给上课的教师一些反馈，在教学技能方面并没有上课教师那么专业，但也会力所能及地帮助教师们达到最佳效果，比如教师的服装、动作不太适宜会提醒他们。在课下，信息组的教师们与学科教师也经常交流一些问题，比如如何依托信息技术促进教学，教学视频资源的共享等。

第 8 章
为学校各项工作提供技术保障

只要学校有活动，就会有信息组教师的身影。每次活动之前，信息组的教师们都要进行大量前期准备工作：调试设备、明确分工、制定程序、了解注意事项等。虽然信息组做的工作都是“幕后”工作，但是信息技术保障工作在体现学校整体风貌方面也很重要。细节决定办学品质，信息组每一位教师都清楚自身的责任，力求把每一件小事做到尽善尽美。

第1节　日常活动

史家小学的校门是向全社会开放的，每周都有全国各地的教育工作者前来参观、考察。学校对外交流非常广泛，领导、专家来学校指导工作也比较频繁。学校组织的各类活动非常丰富，学生的活动、教师的研讨等活动更是经常化。教师组课、接待课、公开课、参赛课数量多且频率高，需要信息组的教师录课、编辑、制作 PPT 等一条龙服务。

仅 2011 年 9 月到 2012 年 2 月期间，信息组就承担北京市、东城区、片内、校内各类活动 42 次，平均每周 2.1 次。有时演播厅、录课室、礼堂同时都有活动，信息组教师全力以赴，保证活动顺利开展。

活动结束后，信息组的工作还要继续，把采集到的照片和视频归类保存，因为学校活动多，归类保存这件事情说起来容易做起来复杂。首先要建一个一级目录，然后在每个一级目录下面按学科分类建二级目录，接下来又分成若干个主题。比如语文学科的目录下又要建若干个文件夹，比如科研课题、教学图片、教学设计、试卷分析、教学论文、教学录像和教学案例分析等。由信息组集中管理的是教学图片和教学录像，有些论文都是教师写完自己上传。信息组把图片活动的照片和录像进行资源共享，其他教师打开文件夹就可以下载观看。

庆祝刘淑敏老师在史家小学任教 50 年仪式

第2节 重大活动

仅2011年9月到2012年2月期间，信息组完成了开学典礼，史家讲坛第七、八、九期，北京市语文教学展示活动，青苹果体卫中心揭幕典礼，史家小学少先队代表大会，学校消防疏散演习，学校队列比赛，北京市数学教学走进史家活动，北京市质量检测反馈会，北京市劳技教研活动，北京市品德与社会教研组走进史家活动，北京市五年级语文教研活动，北京市东城区新任副区长来校考察工作，《非常向上》节目的录制，史家传媒发布会，史家小学科技节闭幕式，新《西游记》北京发布会，老教协音乐会等重大活动20余次，平均每周1.2次。全组老师上下齐心协力，顺利完成各项工作，效果都很令人满意。

史家小学70周年校庆

凡有重大活动，汪忱主任肯定会亲在现场，确保工作万无一失。只要有汪忱主任在，教师们心里就踏实。这也是汪忱主任多年积累起来的“信誉”。每次有活动，汪忱主任都会慎重对待，提前把现场所有的设备调试一遍才安心。有时甚至晚上他也会到现场转一转，保证万无一失。他也要求信息组的每一位教师都这样做。

教师们有这样的感受，信息技术工作虽然繁重，但是时刻都会遇到新的问题，时刻也都在解决新的问题，因而工作中充满了挑战，时刻都有新鲜感。比如说区级校本课程的社会大课堂展示活动，需要在史家小学礼堂接收、转播其他两地的网络视频信号，活动前两天信息组所有教师调试设备到很晚，而且由于是网络转播，而网络环境有着其不确定性，因此，为了保证活动顺利进行，教师们还进行了一套备用方案的测试。活动过程中，虽然出现了诸多突发事件，但是凭借信息组的集体力量和历次大型活动的主办经验，保证了活动的正常进行，得到了区里领导的认可。

学校大型、小型的活动现场都有信息组教师的身影。比如史家小学建校 70 周年校庆，信息组承担了大量的工作。到人民大会堂调试设备、摄影摄像、后期制作校庆 DVD 等等。在史家小学 70 周年校庆期间，邢超老师被借调到学校的校庆工作办公室工作近一年时间，从 2010 年的 2 月 13 日开始，一直到 11 月 22 日，在这 282 天的时间里，邢超老师一直参与学校校庆的筹备工作。

1. 建立校庆博客

教师们精心设计了“史家小学 70 周年校庆博客”，博客页面设置了校庆倒计时时钟。在此期间，发表“珍贵照片视频等资料类”博文 86 篇、“老教师访谈类”博文 16 篇、“校友回忆录类”博文 25 篇、“校友祝词类”博文 4 篇、“校友访谈类”博文 21 篇、“校庆筹办类”博文 8 篇，加上其他类博文，共计 174 篇，其中博客插图千余张。

校庆博客自开通之日起便受到了各界校友和广大师生的广泛关注，目前博客点击率已逾 5 万人次。“校庆博客”也成为校庆活动的一个重要组成部分。

2. 进行校庆前期的走访采访工作

从 2 月 13 日随原史家小学党支部书记王继荣访问王仲生老师开始，教师们共计随校领导或单独走访老教师、老校友等57次。邢超老师说，每一次对老校友的走访，都是对他心灵的一次震撼。他们的话语都会深深打动他，让他的心灵受到一次又一次洗礼，从曾经意气风发的年轻人到满头银发的老人，老教师们把他们的一生都无私奉献给了他们心爱的教育事业，勤勤恳恳，无怨无悔。

在每一次回忆中，史家小学老教师表现出的那种团结向上、业务扎实以及爱岗敬业的态度和精神，都是值得这一代新教师学习的。记得在一次采访完之后，一位老教师拉着年轻教师的手说："你们知道史家教师的精神和作风是什么吗？那就是校风正、学风佳、教风优！"

3. 筹办"岁月如歌——史家小学历史图片展"

从前期的老旧照片遴选和扫描工作开始，在王继荣书记的指导和关心下，信息组共计完成了600多张老照片的扫描和修补工作，并最终挑选出500余张照片进入图片展的展板中。在展板后期的制作和安装过程中，前后共5次校稿。进入施工阶段后，大家更是自觉自愿地加班工作，和施工工人一同工作，晚上10点多才离开学校。

在校友返校日之际，看到校友们在展墙面前满意而兴奋的神情，信息组教师也深深为自己之前所付出的汗水和努力感到欣慰和自豪。

此外，教师们在做好自己摄影摄像的本职工作的同时，也在校庆画册素材准备、校庆晚会大屏幕素材准备等方面作出了自己的贡献。

第3节　对外服务

信息组不仅为学校举办的活动提供服务，还经常为东城区政府、教委、兄弟学校提供帮助和支持。如2011年12月为老教育工作者协会多机位拍摄新年音乐会，信息组三位老师放弃休息时间提前到达会场，因为准备充分，15分钟就完成了机位架设、线路铺设的工作，音乐会从晚7:30分开始持续到晚10:00，最后当教师们收拾好设备，返回学校时已经是深夜12:00多了，第二天信息组教师又精神饱满地开始新一天的工作。

这样的例子还有很多，如2012年3月外出协助拍摄北京市语言文字大会，2012年4月帮助崇文小学拍摄东城区e网通课，2012年4月帮助东城区少年宫拍摄音乐活动,2011年5月协助东城区拍摄“六一”表彰活动等等，在东城区起到了很好的辐射作用。

新版《西游记》首映式在史家小学召开

第4节　临时任务

2012年5月份的一天，范汝梅副校长请汪忱主任协助完成学生音乐水平测试光盘的制作。教委要抽测所有学校五年级的学生的音乐水平，让每一个学生唱一首歌，录像之后制成光盘，每个班录制一张光盘。这件事情对小学校来说比较简单，但对史家小学来说，是一个大工程。学校五年级共有600多名学生，每人录一首歌，每首歌两分钟，录完形成一个以这个学生名字命名的视频文件，刻录一张光盘。这个过程要重复600多次，一遍遍地录音。如果摄像机拍摄，既费时又费力，估计需要两周时间才能完成这项工作。这项工作考察学生的演唱水平，并不在于视频效果。因此，只要是有图像，声音效果稍好一些就达到了工作要求。后来，汪忱主任想出一个办法：利用笔记本上的摄像头和笔记本自带的录音功能，学生可以自主录音。教师可以把歌曲制成一个word文档放在那里，然后，按录制就录下来，录成一个一个的WMV的文件。经过反复比较，信息组的教师们认为苹果机最理想，苹果电脑还有一个非常便捷的功能。它有三秒钟提示的功能，学生唱完以后，停下来就可以成为一个小文件。教师们这样解决了钢琴伴奏的问题：学校有六间琴房，每一间琴房里放一个笔记本电脑，学生进入琴房对着笔记本，教师开始弹钢琴，他就开始唱。唱完以后，学生一按，就可以录成文件。只是录完的视频文件的顺序有点乱，教师找这个班级的一名学生帮忙把名字改过来。这样大大提高了效率。

这件小事体现出信息组教师的创新能力。苹果机这个工具肯定不是用于做这件事情，但教师们创造性地使用了它。把手头的设备和要完成的任务更好地整合起来。汪忱主任每天都在解决这样的事情，这些事情看似很小，但是实际上如果没有巧妙的办法，就要花很大的精力来完成。做事情要勤，也要巧，这是信息组总结出来的工作方法。

信息组顾国威老师每学期都要对史家小学学生的CMIS平台进行系统维护、统计等工作，协助各年级老师管理学生的电子学籍信息。例如三、五、六年级期末考试由于是区里抽测，需要从CMIS中统计学生名单，由于学生保留学籍不在校的情况较多，为了保证人员统计的准确性，需要协助班主任老师进行逐个调整。这样，每学期都要对六年级近550名学生重新拍摄证件照片，并对他们的CMIS数据进行核对和修改，以便小升初工作的顺利开展。第二学期的小升初工作更是全年工作的重中之重，小升初对每个学生和家长都可以说是头等大事，绝对不容许有半点纰漏，家长不停地咨询，反反复复地斟酌修正是家常便饭。史家小学是北京市东城区历年毕业人数最多的学校之一，但是应该说史家小学的小升初工作一直是严格按照区招生办的工作时间进行，从没延误各种报表的上报，并且保证报表的准确性。

“蓝天工程”是北京市东城校外教育的特色。东城教委和全北京市大多数公园、博物馆、美术馆、科技馆合作，东城区学生可以到这些机构接受教育，以开阔视野。为了统计学生活动的情况，每学期开学，学生们都要把假期中参观、活动的票据上交，以便统计。每张票据都要如实地上网填写资料，选择学生班级、姓名，填写或选择资源单位，选择活动日期，填写活动天数，选择活动类型等，即使是熟练人员每张票据也要1～2分钟。对一般的中小型学校来说，工作量并不算很大，但史家小学有3000多名学生，以每位学生假期活动5次计算，就有超过15000张票据。信息组教师承担了这项任务，利用工作中的空余时间输入票据。加班加点，在规定时间完成票据的统计、输入工作。

史家小学的网站是“活”的网站，不是“死”的网站。有的学校网站半年都不动一下，三个月以后看和三个月以前看内容都是一样的。史家小学的网站每天都在更新，甚至一天有好几条新闻传上去。

凡是学校有重大活动，信息组教师24小时之前就要做好最充分的准备，事先检查、调试设备，明确拍摄中的注意事项，拍摄后不要丢失设备或零件，拍摄当天要把照片存起来，然后对这些照片进行审核，把效果不好的照片删除，再把这些照片进行精选，挑出大概10%左右。最后把照片上传到资源库，还有的要上报教务处，配合相关人员上报新闻，上传到学校的网站。有时候活动开展结束半小时左右，网站上的相关新闻就已经出来的了。一般信息组和教务处合作，文字内容是教务处的教师来撰写。学校对照片的要求很高，史家小学的网站是对外宣传的重要窗口，每天都有很多人浏览，因此这是一项非常重要的工作。

第5节　家校沟通

史家小学每个班级都有班级博客，班级博客在促进教师与家长交流方面起到了非常好的作用。史家小学坚持民主、开放的作风。有的学校强制教师开班级博客，比如每个班主任必须有一个博客，对博客的内容也有一定的要求。史家小学没有这样强制性的要求。学校提供基础的家校互动平台，家长和教师随时可以通过这个平台发短信。

案例8.1　探讨家校合作新模式，建立可持续发展的家校互动机制 / 张　滢

近年来，随着现代社会的飞速发展，素质教育逐渐深入人心，社会竞争的压力逐渐由成年人延伸到在校的学生身上，因此家长对学校教育的关注，对孩子的学业关注都上升到了前所未有的高度。“不能输在起跑线上”的信念使得一年级的新生家长也倍感压力，孩子上学了，本该松口气的大人却日益紧张，焦虑不安，种种担心随之而来；而身为教师的我们，也一点不轻松。传统的单一的简短文字、电话沟通方式已越来越不适应学校、家庭、社会的需要。家长工作繁忙无暇到校与老师沟通，常常为不能及时了解孩子在学校的表现而忧心忡忡；教师要负责几十个学生的教育，工作任务繁重，一天下来，已没有多余的精力登门家访，或逐一

电话沟通，常常为不能及时与家长沟通影响孩子成长而无可奈何。

2006年9月的开学典礼上，我见到了42名天真可爱的孩子，一张张稚气的脸上充满了对学校生活的向往，每一双炯炯有神的眼睛里流露出的是跨入小学校门的新生特有的骄傲与自豪。而在他们身后，是一对对翘首注视的年轻父母，目光中有不舍，有喜悦，有期待，更有担忧。

正式上课了，忙乱、躁动也随之而来。

因为很多字未学过，每天的作业需要老师印制作业条粘贴到家校联系本上，而一些小马虎转眼就不知道把这张纸条塞到哪去了。回到家，着急的爸爸妈妈打来电话询问作业，我在电话里或用手机短信再一一告知。

一年级新生的学籍要进行电子数据系统管理，需要家长们填写的表格内容烦琐，而且一张接一张，很多粗心的家长都有漏填数据的问题，下了课回到办公室，拿起电话一个个核实，补填。有时联系不到家长，还要反复拨打电话，有的家长不能确认信息，还需要再查询，有的家长不明白填写要求，我还要一一讲解，常常是一个课间十分钟，落实不了几个人，水也喝不上一口，桌子上赫然几摞作业本若庞然大物，静静地提示你还没有批改它们的残酷事实。

开学的第一个月里，孩子们要很快适应没有午睡的紧张的学校生活，还要把课堂上学到的知识在家里进行巩固复习，很多孩子一时不能适应，常常伴着夏日午后的声声蝉鸣酣然入睡，或是放学回家后，吃过晚饭就昏昏欲睡。家长们非常着急，纷纷写联系本，打电话询问对策。我更是马不停蹄地一一解答，安抚。

有些家长顾于面子，虽然有很多想法，但不好意思和老师沟通；有些家长由于自身素质的限制，他们仅仅把教育视为学校、老师的事，从不主动与老师沟通；还有大部分家长的工作也十分繁忙，无暇顾及与老师沟通关于自己孩子教育的问题；在有些问题上，众多家长的观点难于统一，在沟通过程中，老师无法判断家长们提供的信息的准确性，难于对学生进行有效的管理……

一个月下来，我在教学工作之余，在这些既琐碎又重要的事情上疲于奔命，虽然都一一完美地解决了，但是却搞得非常被动，疲惫不堪。

一、解决的方法

苏霍姆林斯基说过："生活向学校提出的任务是如此的复杂，以致如果没有整个社会首先是家庭的高度的教育学素养，那么不管教师付出多大的努力，都收不到完满的效果。"

家庭教育既是素质教育的重要组成部分，也是学校教育的延伸和补充，是学校教育强有力的支持。家庭教育对学生的思想品德、心理素质、审美情操等起着启蒙和培养作用，它的教育功能是学校及其他社会、群体所无法替代的。建立家校协同的教育网络，对提高家庭教育的质量，密切家校的联系，鼓励家长参与学生素质的培养有着不可估量的作用。因此，我在原有的家访、家校联系册、电话联系等有效形式的基础上，以家长、学生的需要为出发点，以现代信息技术为依托，拓宽途径、丰富形式，力求实效，又尝试了多种家校偕同教育的新方式，收到了很好的效果。

（一）短信——铺就家校互动平台

通过学校网站提供的"新概念家校互动平台"软件，我把学生个人情况（如学生学习状态、学习成绩、行为表现等）；学生所在班级情况（如班级活动、通知公告等）；所学科目情况（如学科的教改措施、学科的一些通知等）、学校情况（如学校重要新闻及活动、师生荣誉等）、教育教学理念等等发送给家长，让家长在百忙之中也可以轻松掌握孩子的基本动态，和他们共同分享孩子身上随时出现的亮点所带来的喜悦；同时，家长也可以通过回复短信的方式向学校和班主任发表自己的看法和建议。

"家长您好！明天学校举行跳绳单项运动会，希望您督促孩子准备好短绳，并穿好球鞋，谢谢！愿孩子取得好成绩！”

“王安然最近完成作业的速度进步了不少，在各方面表现更加积极了，看来如果再多鼓励鼓励，她会有更大进步噢！”。

“小朋友，你看到圆圆的月亮了吗？今天可是个团圆的日子，祝你全家中秋节快乐！”

“张老师：您好！这学期孩子在家的表现也比以前进步了，吃饭速度也快了。我觉得您说得不错，孩子需要鼓励。谢谢您！”

“老师，我今天收到孩子的花很高兴，我看到了他的成长，这是做母亲的最大的幸福。也祝你节日快乐！越来越美丽！”

一年的时间里，“家校互动平台”的短信已经深入人心，阅读渗透着老师浓浓爱生之意的短信已经成为家长日常生活的一部分，家长们经常会把发送过来的短信读上好几遍。有些家长还将发送的短信每一条都保存下来，他们说这是他们孩子的成长史。家长们也积极回复短信，发表自己的看法和建议，积极参与到学校教育中来。

以短信与家长及时沟通，使学校教育与家庭教育相融洽，形成一股合力，为学生的健康发展奠定了坚实的基础。

（二）BBS班级论坛——撞击育子思维火花

我们班42个学生，他们的学习进程并不是一致的。在家里，很多家长辅导孩子学习时，常常缺乏方法。他们希望能从老师那儿得到一些教育孩子的信息或是与其他家长交流教育子女的经验。而这些经验，简单的几句话是说不清的，而且也不能及时在家长之间沟通。我在学校网站上建立了班级BBS论坛，开辟了一个家长交流经验、畅所欲言的天地。我讲一些家长教育孩子的成功经验或是对学生学习中的难点进行指导，教给家长辅导的方法；家长们也及时反馈孩子在家的情况，一起分享教育孩子中的一些经验；孩子们把他们的绘画，日记展示给大家。

● 小天妈妈的帖子：

今天我给陈浩天念了所有您写的帖子，他听得很认真，而且很开心。我又对他说，以后老师写的所有东西，我都念给你听，他又手舞足蹈（他一开心就这样，我经常对他说，男孩子要稳重，还烦请老师在学校也多提醒他）。所以，老师，在这里我有个小小的建议，如果您以后有什么要求，可以放在论坛上，我念给他听，我感觉他会很高兴地接受。

有了孩子后，才发现培养一个孩子真的不容易，想想老师面对那么多孩子更是不易，所以在这里说一声“老师辛苦了”。而且作为孩子的爸爸妈妈，我们感觉自身也需要不断地成长，成长为合格的父母，所以请老师将对家长的建议及时告知。

明天就要上学了，陈浩天很高兴（他在家里也很开心），我们则更开心，孩子爱上学足以证明学校和老师还有小同学们对他的吸引力之强。我希望他永远像给我们唱的那样“我爱史小，我爱史小……”

● 小毅妈妈的帖子：

张老师您好：十一长假就快过去了，按照您的方法教了一下小毅，终于见到了成效，我很高兴。基本拼没有问题了。但是如果字一起连起来读就不行了，问问您有什么好方法？

● 小盛妈妈的帖子：

美美妈妈：您好！您的留言我刚看了，我们的想法不谋而合。我觉得您那段精彩的内容光让我一个人看太可惜了，我又不知道是否能转帖、也不知道如何转，干脆来个不情之请：您就再辛苦一次，在我的帖子下面再回复一次，让大家一起分享吧，先谢谢啦！

● 小涛妈妈的帖子：

给爱心妈妈们提个醒：最近的天气实在是干燥，尤其是在来暖气后，连屋里都很干。在此提醒各位爱心妈妈，一定记得给孩子们多喝水，多吃水果，不仅可以补充维生素，还可以防止上火。另外，如果家里没有加湿器，可以在晚上睡觉前在孩子屋里的暖气上放一条湿毛巾（以不滴水为标准）来增加湿度。希望所有的宝宝都健康地度过这个冬天。

BBS 班级论坛如同一根强有力的纽带，把老师、家长、学生的心拉得更近；像一股巨大的催化剂，使学校、家庭的合作教育升华为神奇力量，凭借计算机技术的优势，营造出一个快捷、方便的育人环境。

（三）班级博客——沟通爱心的七彩桥

孩子们入学后，参加了很多丰富多彩的校内外活动。春游、秋游、看话剧、体育比赛、新年联欢、庆祝六一等等，方便快捷的数码技术使得孩子们活动的身影及时地留在了相片里，也使家长们有了在第一时间及时了解孩子们学校生活的可能。但是学校班级论坛的容量有限，上传的图片张数有限，未免有些遗憾；而博客恰恰弥补了这个不足。为此，我又在搜狐网上注册了一个班级博客。当孩子们参加完活动回到家里，就看到了博客中自己的照片，一个个高兴得手舞足蹈。

另外，博客作为一种新的通讯工具，它更多的是在发挥一种"言论宣泄，平等话语权"的作用，因此作为倾诉的地方，既方便又简洁，特别是对孩子成长的过程，家长老师可以更进一步交流探讨，很多家校工作可以直接在博客上进行，更有利于家长之间的沟通。博客的设计人性化，界面友好，富有情趣，图片、文字、音乐、动画济济一堂；志趣相投的友情链接，随时更新的他人博客的浏览，在每个浏览班级博客的家长、孩子眼前打开了一扇更宽大的窗户。

在我们的班级博客中，按时间分类的文章记录了孩子们学习生活中的酸甜苦辣；不断累积的留言和评论中流露着家长和孩子们喜悦兴奋的心情；荣誉簿中记载了娃娃们进步的点点滴滴；相册专辑中，可以看到每一个孩子欢快的笑脸。

春游之后——“小狮子的个人档案让人忍俊不禁，春天的图片漂亮极了，还在照片中看到网上熟人的庐山真面目。嘿！嘿！咱班博客真棒！”

考试之后——“张老师说得很对，不要太在意孩子的分数，但说说容易，做起来很难。但孩子有错误作家长的不能替他们找借口，错了不是什么马虎，就是不会，也许我较为严格，或不体谅孩子，但只有严格要求孩子们才会养成好的学习习惯，才会在做任何事情的时候认真仔细，作为家长以后才会更为轻松。我只是看到大家的评论有感而发，也许有不对的地方，希望和大家一起探讨。如何教育孩子真的是件头痛的事情。”

班级博客不断地拉近人与人之间的距离，增强人与人的密切交流，沟通了人与人之间的真挚情感。

家校短信、班级论坛、班级博客三者优势互补，形成了一个强大的现代信息技术的家校沟通平台，把家庭、社会、学校紧密地联系在一起，发挥了极大的纽带作用。

二、实践的效果

一年来，通过家校短信、班级论坛和班级博客，我和家长们成了无话不谈的好朋友，在孩子的教育问题上，我们互相倾听对方的意见和看法，互为师长，彼此都获得了很多宝贵的经验；我和孩子们的交流也从课堂上延伸到了家庭里，甚至在假期里，我们的联系也跟随着游览祖国名山大川的脚印在延长；家长和孩子们的亲情更浓了，孩子们懂事了，父母也深切地体会到这些6岁多的孩子在一年里所承受的学业重担，少了许多责怪，多了不少鼓励。班集体的凝聚力大大增强了，家长委员会的人数从3个人一下子变为了10个人，他们共同为班级的建设出谋划策。

在以现代信息技术平台为依托，以教师为主导的家校沟通中，家长们的教育艺术不断提高，配合教育效果渐渐明显，也使我脱离了被动工作的境地，大大提高了工作的效率。虽然发表文章占用了我的一些休息时间，但它所收到的效果，确实是成倍的。现代信息技术平台使家校沟通更加省时、有效、快捷，已经成为了家长的好朋友、老师的好帮手、学生的好伙伴。

在科技迅猛发展的今天，现代信息技术为我们营造了一个多元化、全方位的全新家校教育平台。这些新的家校沟通方式，真正让学校与家庭零距离、面对面。在感情上缩短了家长、学生与教师之间的距离，有助于家长了解学校的教育主张和老师的要求，使家长信任教师的工作；也使得家长和老师在繁忙的工作之余，仍旧持有密切联系、配合的愿望，并愿意共同负起教育学生的责任，这也有助于日后的沟通、交流和协作。

其实家校合作的沟通形式是灵活多样的，它需要老师在工作中灵活运用，任何家校沟通方式的进行，都是教师本着为孩子负责的态度去做的，只有全身心地爱每一个孩子，并在各项活动中细心地去观察每一个孩子的成长，选择适宜的沟通形式，家校的合作才能结出硕果。

有效的、更适合现代儿童发展的沟通方式将会像一条静静流淌的爱河，把亲情、友情、师生情融合在一起，以春风化雨般的柔情，以百川归海的气魄汇入孩子道德教育的滚滚洪流之中。我相信，教育的厚重尽在这不息的心河里。家庭、学校在教育沟通的途中紧紧相依，老师、家长在引导孩子心路历程中不断共勉，一定会共同搭建起一架家校沟通的和谐七彩桥！

第9章
服务学生的发展

红领巾电视台是史家小学的传统项目。信息组与少先队大队部密切配合，培训了一大批小主持人、小摄像师、小技术专家。授之以鱼不如授之以渔，信息组教师耐心辅导学生，从脚本编写、镜头运用、后期制作讲起，手把手教给学生。现在红领巾电视台从前期的准备工作——制订采访计划、编写脚本，到中期的拍摄、制作，到后期的播出，都由学生一手完成。这既培养了学生的兴趣，也锻炼了他们的能力。

学校电视台的创办是很成功的，让孩子们从小接触新鲜事物，从小就在发掘他们的兴趣爱好，发挥他们的自主性。目前，新的学校电视台，就是要丰富学生的校园生活，做学生自己的电视台，让学生都能亲力亲为，这很可能影响孩子的一生。新电视台在设计方面，打破常规，以半开放的结构方式将新闻制作过程、演播室情况都直观地呈现出来。同时拒绝追求专业、昂贵，而是最大化地节约成本，讲求实用，更加注重播出效果方面的投入。

另外，对现今技术的运用要进一步进行推广和辐射，让其他学校的学生也来体验史家小学的信息技术教学。这不仅是对信息化教学模式的进一步尝试，更是教学研究、资源共享的新尝试。

除了依托红领巾电视台为学生发展服务，信息组的教师发挥自身的信息技术优势，为学生开设了适合学生特点的校本课程，有部分教师参与了科技部统领下的科技实践活动，或辅导学生参加科技大赛，取得比较突出的成绩。

第1节　史家传媒

史家传媒是信息组与语文组共同开发的校本课程，语文组陈高老师主要参与这项工作。这门课程重在探索有效地培养和开发孩子的创造力和想象力的路径，满足学生个性化、创新意识的培养需求。史家传媒与特色课程建设相结合，培育学生的传媒视野并由此产生对学生兴趣的指导、潜能的开发、人格的完善等方面的综合影响。

史家小学有自己的校本课程，研究性学习科目已经排入课表中，这为传媒课顺利进入课堂，起到了良好的铺垫。因为传媒课属于专业性很强的课程，所以在师资的安排方面，陈高老师用了“借力”的方式，与中国传媒大学合作，采用聘请专业教师为主、本校教师为辅的做法，对学生进行专业的传媒课教学。同时，根据学生年龄的特点，学校决定从四年级开始做起，拟用三年的时间进行体验式改革。在广泛征求了学生和家长的意见后，四年级 14 个班的 670 多名学生，正式启动了全新的传媒课程。

史家小学早有红领巾电视台、小记者团，学生们对传媒课并不陌生，传媒课的重点是要关注个性化的选择和发展。学校采取了先普及性学习、再设特长小组分步走的方式，利用选修课和社会大课堂方式，让孩子们走出去进行课程实践和知识拓展。从教师的角度来说，课程改革也需要开阔视野和专业化发展。因为只有具有现代化意识的教师，才能给学生提供长远发展的可能。

借助传媒这个学习的平台，史家小学给不同的孩子提供了成长的机会，让所有的孩子都尽情释放自己的才能。在这个平台上，没有差学生。那些在学习成绩上不占优势的孩子，自从有了这个平台，也因兴趣和智慧，拥有了展示自己才能的机会，他们的脸上开始绽放出自信的笑容。

传媒不仅让学生有兴趣，也让教师疯狂地投入和发挥。2011 年 7 月，刑超带学生赴石家庄，参加了由教育部关心下一代工作委员会、中国发明协会等好几家单位共同举办的第九届“全国中小学信息技术创新与实践活动”，学校递交的《我的低碳生活——自行车出行小调查》作品，参与了“DV 视频创作”和“恩欧希教育信息化发明创新奖”的评比，双双获得了全国一等奖。史家传媒做到了让师生共同成长，收获双赢。

2012 年 1 月 12 日上午，“史家传媒”系列赛第一季颁奖典礼在史家小学的礼堂隆重举行。窗外凛冽的寒风，挡不住礼堂内散发出的高昂的热情。四年级 670 多名师生济济一堂，大家经过了一个学期的传媒课学习，今天到了收获学习成果的时候。

当主持人宣布为“新闻采编设计大赛”“四格动画创想大赛”“手翻书奇想大赛”“定格动画创意大赛”四个项目获奖人颁奖时，礼堂里响起了孩子们一阵阵雷鸣般的掌声和欢呼声。全年级学生中，有 76 人获得特等奖，有 308 人获得一等奖，有 500 人获得二等奖，获奖人次几乎覆盖了整个年级。

史家传媒真正的意义在于，不仅是知识的传授，而且是育人。因为教育最终的目的不是传授知识，掌握动漫的技巧、采访的技巧、表达的技巧、写作的技巧，这些都只是学习的过程而已，真正的意义在于让学生认识自我，知道自己是个有用的人，是国家未来的人才。一旦学生有这样的意识，学习的热情就会产生飞跃式的变化。

第2节　求知计划

史家小学参加了中国科协—英特尔求知计划，这是中国科学技术协会和英特尔公司合办的一个项目，是一个面向 8 ~ 12 岁青少年的 30 个小时的免费信息技术培训课程。学校从 2006 年开始参加，这门课追求三大素养：一是技术素养，即我们说的计算机知识；二是合作能力；三是思辨能力。

英特尔出资在世界上很多国家开办这个项目。学校参加以后，有一定名额参加培训，培训结束有一定的资金支持。这门课程当中，技术素养占一部分，但并不是最重要的，更重要的是合作精神和思辨能力。付航老师上这门课时最突出的体会就是：学生还不会合作。教师要花费大量时间和精力处理合作的问题。

现在的孩子绝大部分都是独生子女，在家里是“小皇帝”“小太阳”，往往不懂得与同伴合作，这不符合 21 世纪对人才的要求。我们在求知计划的课堂上采用小组合作的形式，在分组时尽量考虑差异性：年龄大的和年龄小的一组；男孩子和女孩子一组；家庭条件好的和家庭条件不好的一组，借此培养学生的合作意识和合作能力。

学校机房满足学生人手一机的条件，但是在求知计划课堂上，我们要求两人一组，共同完成一个作品，并在教学中有意识地教给学生处理分歧的办法，掌握合作的技巧。例如某次求知计划班，有两个男孩子个性都比较强，在组内经常发生争执，而且各不相让，经常不欢而散。家长多次找到老师要求给他们调换小组，避免矛盾。老师没有同意家长的请求，坚持让他们一组。老师耐心地做孩子的思想工作，告诉他们合作的重要性，在今后的生活中，你不可能选择老板，不可能选择同事，要学会与他人合作；并传授他们解决问题的技巧。比如遇到分歧可以先摆事实讲道理，说服对方；也可以进行约定，这次采纳你的意见，下次采用我的方法；还有最后的杀手锏：石头剪子布。老师在课堂上随时关注他们的情况，从一开始的每次都要充当裁判员，到后来次数渐渐减少，课程结束后他们俩成为好朋友，还获得了最佳合作奖。

付航老师在求知计划课堂上

求知计划的课堂是生动有趣的，求知计划的课堂是自主开放的，求知计划的课堂是团结协作的，求知计划的课堂是充满智慧的。孩子们在快乐中求知，在求知中快乐！

1. 技术素养提高之乐

求知计划中的学是新知识的学、新技能的学、情感丰富的学、同伴合作中学、思维碰撞中学，这种学又是在问题发现中学、问题解决中学、再发现新问题中学，是质疑、解疑、再激疑以求延伸拓展引起更深入地学。

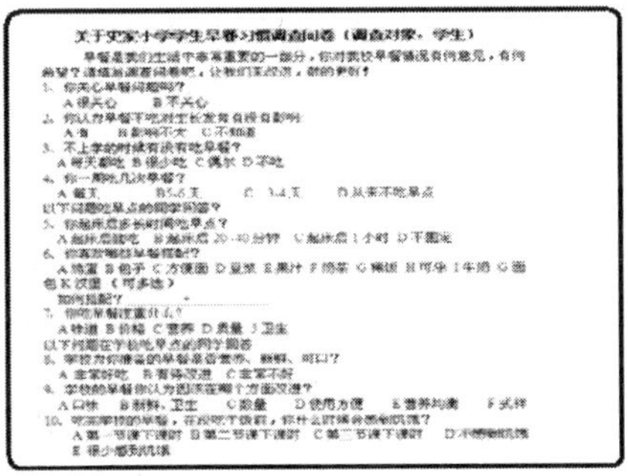

调查问卷

访谈食堂管理团

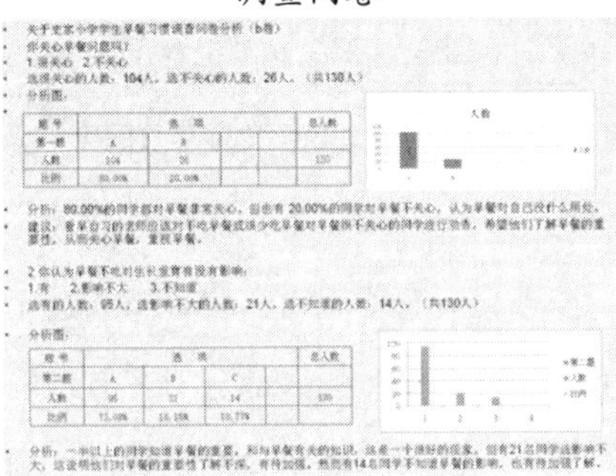

统计图表

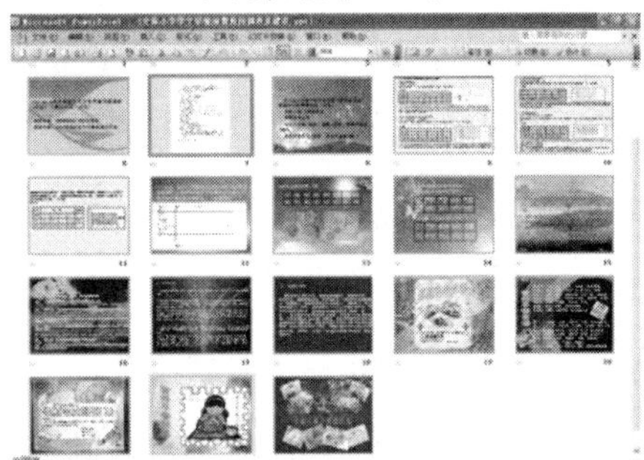

大项目

学生做调查

求知计划的课堂让学生有充分的选择空间：选择我喜欢的，喜欢我选择的。“要我做”和“我要做”的主动程度反差是强烈的，给他们权利让他们去选择，给他们机会让他们去体验，给他们条件让他们去锻炼。

（1）内容的自我选择。在求知计划的课堂上，每个单元都有 2 ~ 3 个活动供学生们自主选择。做“邮票”还是做“桌面背景图”？选“榜样人物”还是“社区新闻”？在大项目活动中更是有大把的课题可供选择，每个活动看上去都那么有趣，这深深困扰着两个小伙伴。孩子们在困惑中体验到选择之乐，真正成为学习的主人。

（2）合作伙伴的自我选择。合作是求知计划的三大理念之一，渗透在课堂上的方方面面。在大项目中，选择恰当的合作伙伴更是制作出精美作品的必备条件。孩子们打破了传统课堂的常规，自由组合，有的选择配合默契的伙伴，有的选择优势相互弥补的伙伴。

（3）方法的自我选择。在大项目展示活动中，孩子们选择自己最擅长、最喜欢的方式展示，介绍自己的成果。他们有的采用访谈的方法，有的向大家表演自编的小品，有的表演歌舞，有的朗诵诗歌……

2006年11月付航老师在求知计划年会上做公开课《榜样人物》一课，在介绍自己心目中的榜样人物后付老师引导学生深入思考，不仅英雄人物、作出杰出贡献的人才是大家的榜样，身边的同学、家长、老师、工作人员也是大家的榜样。付航老师还介绍了他心目中的榜样人物——史家小学从教50年的刘淑敏老师。看到身边活生生的榜样，孩子们的心得到了升华。另外付航充分重视交流分享环节，杜绝走马观花，要求给每组作品一个简单的评价。在评价表上给出一颗星到五颗星。全班交流时要说出：我最喜欢这个作品的哪一点、我最佩服这个作品的哪一点、这个作品的哪部分对我有启发等等。展示自己的作品时，每组的两个同学一起发言，介绍自己的想法，力争80%的作品在全班进行展示。

在史家小学开展的《节粮在我身边》活动中，参加过求知计划培训的学生们把在课堂上掌握的信息技术应用到活动中去，他们使用信息技术制作节粮邮票、节粮明信片、节粮海报、调查问卷、统计图表、演示文稿等作品，对活动的宣传、推广起到了重要的作用。他们在节粮活动中还把求知计划的制订计划、动手操作、认真检查、交流分享的工作方法应用到活动中。孩子们有计划、有步骤地进行着探究，工作效率和效果都有很大的提高。

2. 合作精神共享之乐

通过求知计划的学习，孩子们了解到合作的重要性和必要性，掌握了合作的方法和技巧。当自己和同伴的意见不一致时怎么办？他们会采用合作的技巧解决合作中的问题：他们一般会摆事实讲道理，争取以理服人，说服对方；有时他们会集体投票表决来解决争议中的问题；有时会采用“约定”的方法轮流做主；也会用孩子气的“石头、剪刀、布”一锤定音。同学们从合作了感受到乐趣，不少求知计划班的同伴都成为好朋友，并把这种友谊延伸到了课外。

学生们在求知计划课堂上一起制订大项目计划

3. 思辨能力创新之乐

在求知计划的课堂上随处迸发着思维碰撞的火花，每个大项目的选题更是知识、意愿、智慧、追求的延伸和拓展，让学生打开思路从家庭生活、社会生活、学校生活、个人生活多方面、多角度、多层次关注自己所能关注的一切，提出问题确定主题。以下为学生提出的一系列新的问题。

通过求知计划的学习同学们能够从身边的小事中发现问题，解决问题。他们有时发表自己的看法，有时对别的同学的作品进行建设性反馈，高阶思维能力得到了锻炼。求知计划班的学员在节粮活动中成为活跃在各个方面的积极分子，得到同学们的尊重。史家小学同学设计的节粮游戏棋，把深奥、枯燥的科学知识化为有趣的游戏，实在是个创举。

求知计划课堂项目选题

<table>
<tr><th>领域</th><th>主题</th><th>领域</th><th>主题</th></tr>
<tr><td>人与自我</td><td>胖学生的调查与分析
男子汉的调查与分析
课余时间安排的调查与分析</td><td>人与环境</td><td>电池利与弊的调查与分析
水使用调查分析
一次性筷子使用的调查与分析
手绢使用的调查与分析</td></tr>
<tr><td>人与社会</td><td>感受数字化
环保金点子</td><td rowspan="2">节粮在我身边</td><td rowspan="2">史家小学学生早餐浪费原因调查及建议
北京小吃问题的调查研究报告
餐后打包情况调研报告
关于家庭自制蔬菜豆浆的研究
史家小学家庭一周粮食消耗量调查报告
防止土豆发芽的方法</td></tr>
<tr><td>我与家庭</td><td>我眼中的父母
做一日家庭小主人
时尚家庭
小围裙行动
我和爸爸妈妈有个约定</td></tr>
</table>

再如，学生针对目前手绢逐渐退出人们的生活，取而代之的是消毒纸巾、餐巾纸现象等提出的问题：这种变化是否合理？在调查过程中，学生从几个方面着手。

（1）算一笔环保账：手帕可以反复使用，纸巾则是一次性的，每生产一吨纸巾就要使17棵树死于非命，巨大的木材资源就化成一张张纸巾被我们不经意地扔掉了，纸巾用得越多，地球的绿色就越少；生产手帕时很少产生污染；尽管多数人都说会把用过的纸巾扔进垃圾箱，但在一次调查时发现，半小时内就有5位阿姨和2位叔叔将纸巾随手扔在了大街上。

（2）算一笔经济账：手帕每条2元钱，可用2年；纸巾每包平均5角钱，假设2天用一包，一年要花91元钱。

（3）算一笔健康账：劣质纸巾消毒不严格，影响健康；部分纸巾添加化学物质，容易刺激皮肤；用手帕可防止细菌的传播；勤洗手帕，可养成讲卫生、爱劳动的好习惯。

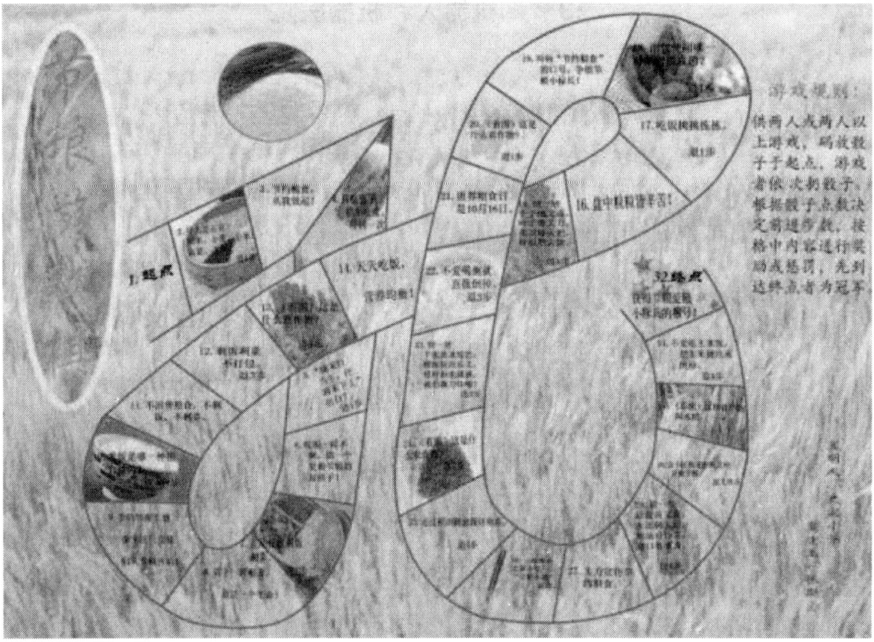

史家小学同学设计的节粮游戏棋

由此，孩子们得出结论：我们不能因图方便而忽视节约资源、保护环境、与大自然和谐相处。孩子们将自己的调研成果汇集成宣传资料，向同学和家人、亲友进行宣传，号召大家从我做起，改用手帕，将丢掉的手帕捡起来。孩子们的行动得到了社会的理解和支持，在孩子们的影响下，很多小伙伴和大人也都开始改用手帕。

求知计划的理念、特点、价值、效果多方面且多角度地让学生体验到了学习的快乐，让他们乐在提高技术素养，乐在合作，乐在思辨，乐在明理，乐在做人。

第3节　机器人和机器医院

信息组承担北京市东城区课程资源中心（史家小学育芳基地）的机器人和机器医院课程开发，并自主开发校本课程《智能机器人搭建》和《机器医院》。育芳基地的机器医院的课程面向五、六年级的学生开设，乐高机器人搭建的课程面向二、三、四年级的学生开设，来育芳课程基地上课的学生不仅有史家小学的学生，还有附近很多小学的学生。

机器医院的校本课程是2011年主要由史家小学信息中心的老师设计的，深受学生喜欢。学校的电脑更新换代很快，被淘汰下来的电脑很多，以后都难逃被堆放在库房的命运，再也无人问津。而自从有了《机器医院》这门课程以后，这些报废的老旧计算机，成为学生们探索研究的对象，满足了学生对电脑内部构造的好奇心。由于是一门全新的课程，没有相关资料的借鉴，在设计之初遇到了比较大的困难。设计这门课的初衷是利用学校已经淘汰的机器来让学生们上课作为教具，比如电脑、照相机、电话等等，同学们可以在课上在教师的指导下亲手拆卸机器零部件，零距离地接触曾经感觉很神秘的机器。从学生上课效果来看，学生们对这门课很有兴趣，很多时候已经下课了孩子们都不愿离开教室，还想继续做，这让设计这门课的老师们也很欣慰。教师主要教学生们拆装机器、制作网线等，培养了学生的观察能力和动手能力。

乐高机器人搭建的课程主要是将平时观察到的周围事物，通过想象和创意，与同伴们一起分析、讨论并去完成任务的过程。搭建生活中常见的工具及电器模型，探索生活中的科学原理。如了解杠杆、轮轴、滑轮、齿轮等的作用，使孩子建立对科学的感性认识，理解生活中的科技无处不在，增强观察力后就会发现很多的问题，在探究简单问题的过程中使思维得到锻炼和提高。课程中有马达和电池盒，对他们手的灵活性、准确性都提出了新的要求。

学习的就是让机器如何能转起来，包括速度的变化和力量的变化。通过设计机器人，体验物理、数学、机械、结构、电子、自动控制等高科技知识的应用，于直观形象中发展逻辑思维，在游戏中学习自我建构知识、获取知识、团队合作、沟通和交流以及创造性地解决问题。

第4节　科学创新活动

现在，已经有越来越多的教师利用信息技术方面的专业辅导学生参加科技创新活动。每年信息组多位教师都会带领学生参加科学 DV 的拍摄。在活动中，教师们认真辅导学生，从课题的选择、课题的研究方法、拍摄的方法技巧、后期制作等各个方面对学生进行认真细致的辅导。不仅教给他们技术，更重要的是教给学生课题研究的方法和技巧。例如赵朋秋老师在辅导学生进行《宠物粪便制成有机肥绿化社区》的拍摄中，带领学生从拾取宠物粪便、沤制有机肥、肥料对植物生长的作用全方位、多角度进行拍摄，获得优异成绩。

2011 年 9 月 24 日，由中国科学技术协会青少年科技中心举办的《第二届全国青少年科学影像节》的展评活动中，滕达老师带领三名学生参加现场的比赛和展评。他们的 DV 作品《冷凝水变废为宝》入围最后的现场展品活动。在 9 月 23 日的学生多媒体制作比赛中，滕达老师带领三位学生在现场紧张制作，和中学组一起在决赛中比拼，最终完成多媒体 DV 短片《巧测体积》，获得“优秀多媒体制作”奖。在本次大赛的最终颁奖中，滕达老师带领三名学生完成的作品《冷凝水变废为宝》斩获“青少年 DV 作品特等奖”。此奖项为北京市唯一的一名，全国共 8 名，小学单位仅 2 名。这已经是滕达老师第二次辅导学生在全国比赛中获奖。

信息组单博文老师带领学生李岱翰的作品《珍惜每一滴水——揭秘滴灌技术》获得“青少年 DV 作品二等奖”。信息组路莹老师指导学生张佳姿同学制作的动漫作品《小水滴之旅》获得“青少年科普动漫作品”二等奖。

以上的事例说明，信息组的教师们在史家小学这个平台上将会有越来越大的空间施展自己的才华。

第5节　信息技术课

信息化教育的首要任务是育人，这也是史家小学教育的最终目的。史家小学的信息化教学是信息教育、道德教育、创新教育三位一体的教育。

教育信息化的本质是人的观念的信息化，培养现代化的人，才是教育信息化建设的根本任务。

史家小学的信息化教学，主要以计算机课程的形式呈现，让学生获得运用数字设备的基本能力；同时辅助以其他形式，如兴趣小组等，以此来培养学生的学习兴趣，使学生获得科技知识，并一步完善个人发展的能力。这在培养信息素养、增强信息掌控能力等方面都具有十分重要的意义，使学生在获取信息、分析信息、运用信息等方面均能形成正确、严谨而有效的思维习惯。

教育信息化有助于培养和提高学生创新意识的思维能力，为创新教育提供了一个很好的发展环境，具有明显的启示意义。

同时，信息化教育注重学生的道德教育，发挥学校良好的网络基础设施与教育主渠道的作用，引导并教育学生文明上网、上文明网，提高学生良好的思想道德水平。利用网络和多媒体技术，可以构建丰富的、反思性的学习环境，允许学生进行自由探索，有利于他们的批判性、创造性和实用性思维的形成和发展。可以说，计算机的最大教育价值在于让学生获得学习自由，为他们提供可以自由探索、尝试和创造的环境。

学校非常重视计算机教学，最大限度地满足学生对计算机知识的学习需求。学校使用一套教材，保证课时和专职教师。有的学校只有一位教师上计算机课，有的是其他学科教师兼职，而配备数量足够、技术过硬的专职教师，是史家小学的优势。

史家小学承担计算机课教学的教师们实力很强。张立新老师是“北京市骨干教师”，参与编写的小学信息课教材《网络探险家》《海龟机器人》在2005年通过北京市中小学地方教材审定。张立新、路莹、李雪和刘廷冠这四位老师都是专职的计算机课教师。

北京市骨干教师张立新老师在上信息技术课

史家小学很早就开设了计算机课，非常注重培养学生的信息素养。除了获取信息、分析信息、处理信息等非常重要的能力，还培养学生操作计算机和相关的信息设备的能力。信息素养是终身学习的保证之一，此外，在信息课中，学生的合作精神和合作能力也得以培养。

史家小学信息化教育取得了一定的成果。2001年4月4日，史家小学少先队大队与学校信息组联合举办的学生网页展示会在学校礼堂举行。来自东城区十几所学校的少先队辅导员和数家新闻媒体单位以及专业网站的技术人员出席了展示会。在展示会上，从40多名参赛的同学中选拔出的9名同学展示了他们精心制作的网页，并回答了老师和同学的提问，会场上不时爆发出热烈的掌声。红领巾电视台的小记者采访了中国娃娃网的技术人员，他高度评价了同学们的制作技术。其中史家小学的两位同学联合制作的网页作品获北京市一等奖。

2005年9月，在北京市政府、共青团北京市委员会的安排下，史家小学有1名教师和10余名学生参加了世界青少年国际互联网网上交流计划，这是由时北京市市长王岐山同志在访美期间代表北京与美国纽约、匈牙利布达佩斯、埃及开罗、以色列耶路撒冷、日本东京、西班牙马德里、南非约翰内斯堡等十余个国家的城市签立的合作项目。十余个国家的百名学生结合“我梦想中的公园”这一主题进行了合作性的专题研究活动。2006年11月13日晚上9点多钟，史家小学的学生与美国纽约国际学校的学生进行了网络视频交流。团市委、北京青年报等部门领导和记者还来到史家小学，指导并报道了这一活动。史家小学这次活动的开展不但能够培养学生们国际化的意识、开放的思想、参与国际事务的能力，而且能够加强学生的民族价值观，弘扬民族精神，使之具有为国家繁荣而努力学习的责任感与使命感，也培养了他们的爱国主义、集体主义精神。同时也在无形中指导了学生正确的健康的网上生活，这样的外事工作也就自然而然地成为学校德育工作的一条全新途径。

学生取得的成绩与史家小学重视培养学生的信息素养密不可分。一年级的小学生就开始上信息技术这门课。信息技术与课程整合以后，其他课程也在培养学生的信息素养。比如语文课上，教师有意识地让学生通过网络或其他途径获得有价值的信息。语文教师给学生们布置了这样的作业：某一民族的风俗习惯。学生回到家上网去查阅资料，并对这些资料进行初步筛选和整理，准备在课堂上汇报交流。除了通过网络获取信息，学生们还要以查阅书籍获得相关知识。如果家长恰好有在民族地区的生活经历，正好可以提供帮助。在信息化社会里，学生获取信息的途径很多。获取信息只是第一步，学生还要学会整理信息和应用信息。

史家小学开设计算机课很早。最初使用的电脑叫中华学习机，它的芯片是 6502 的芯片，和苹果 II 相同。中华学习机是主机和键盘合在一起的，主机显示器是 12 英寸的单显，光是绿色和白色，学生开机默认的是 Basic 语言，上课只能进行编程教学。

现在的信息课主要是教学生使用一些应用软件。在高年级开设的信息课上有一些计算语言的渗透。

史家小学一至六年级都有信息课。输入法也是学习计算机的基础，一、二年级主要教会学生输入法，适当穿插学习绘图和实用小软件。一年级学生学习的主要内容是键盘输入，也就是英文打字，二年级主要是汉字输入，三年级主要学习 Word 的使用方法和文字处理工具，四年级主要学习做 PPT，五年级重点掌握网络应用，六年级讲授一些机器人的知识。机器人需要应用 LOGO 语言，六年级还要渗透定格动画的部分内容。

北京市东城区编过七本计算机教材，史家小学选择其中的六本教材来学习。这套书很完整、很系统。学生特别感兴趣，喜欢上计算机课。信息课因比较受重视，学校的课时也增多了：一、二年级是每周一节，三到六年级是两周一节。

在史家小学视“育人”为天职的大环境中，信息组的教师们尽量让学生们发挥他们的特长，积极地为学生发展服务。信息组的教师在做信息技术工作，深入课堂教学的机会较少，但所有的工作都是为了孩子的成长，他们始终牢记学校“一切为了孩子，一切为了明天”的办学理念。

史家小学的教师们尊重学生的意见，鼓励学生创新性的想法。学校有两名即将毕业的学生找到王欢校长，说他们快毕业了，想为学校作一点贡献。他们想做一个论坛，让同学们通过这个平台可以交流。王欢校长便让他们找汪忱主任。第二天，这两名学生与汪忱主任谈了他们的具体想法。他们想在学校网站上有一个空间，500兆就够，来做这样一个论坛。他们的想法得到了汪忱主任的支持。现在，这两名学生通过自学正在搭建，汪忱主任给他们找了一个服务器，还让信息组负责网管的教师把系统做成，满足他们的需求。也许有的人会说：这俩孩子能弄成吗？如果直接把孩子的童真和热情浇灭了，结果很可能是给他的一生造成负面影响。

史家小学的确有这个条件，能够支持学生完成他们的愿望。也许有的学校会说我们可没有这种条件，教师们的电脑还不够用，专门为学生做一个服务器更不可能。史家小学的教师们认为，能否帮助完成这件事需要条件，但又不是完全依赖于条件，关键在于是否有为学生发展服务的理念。条件不允许，可以给学生们找一个旧服务器装好，甚至不见得非用服务器，办法总是可以想到。

第4篇

一专多能、和谐奉献

——信息技术教师团队

史家小学的信息技术教师团队是一支值得教师信赖的团队。教师对信息技术团队的信赖源于两点：“一专多能”的专业技术、“和谐奉献”的职业态度。信息技术教师团队把为学校和教师提供专业的、有品质的服务作为工作追求。

在史家小学和谐文化的熏陶和感染下，信息技术教师团队形成了团结、分享、和谐的氛围，这些氛围构建起教师乐于奉献、求真务实、上进创新的精神大厦。

第 10 章
基本素养——专业的技术，敬业的态度

为适应信息化社会的发展要求，教育部提出要以信息化带动教育现代化，促进教师教育跨越式的发展，因此，积极推进教育信息化建设成为一项重要任务。从没有哪一种工具像信息技术如此深刻地影响着人类活动，从工作到学习，从娱乐到生活，无一例外地渗透着信息技术的点滴。《基础教育课程改革纲要(试行)》指出：“大力推进信息技术在教学过程中的普遍应用，促进信息技术与学科课程的整合，逐步实现教学内容的呈现方式、学生的学习方式、教师的教学方式和师生互动方式的变革，充分发挥信息技术的优势，为学生的学习和发展提供丰富多彩的教育环境和有力的学习工具。”从这一信息中可以看出，信息技术在当今世界发挥着越来越重要的作用。新课程改革以来，信息技术学科作为一门独立的必修课，其学科地位也越来越重要。作为 21 世纪的教育工作者，掌握信息技术已是迫在眉睫，要实现信息技术在学校逐步推广普及和应用，建设一支数量充足、质量合格的具有较高信息素养的师资队伍是关键。

信息技术教师应具备的是全方位综合素养，只有不断学习，接受新知识，优化自己的知识结构，方能成为21世纪信息化社会所需要的一专多能的复合型的信息技术教师。

第1节 具备专业的知识素养

作为信息技术教师，深知知识和技术的重要性，史家小学的信息技术教师们不断完善自己的学科专业知识、教育科学知识和实践性知识，以便更好地为学生授课，提升学生的信息素养；同时更好地为其他学科的教师和整个学校服务。史家小学信息技术教师深刻地体会到要构筑专业知识和能力的“九层之台”，必须“起于垒土”——从强化基础性知识和能力开始。

1. 学科专业知识精深

从知识结构看，信息技术教师要加强通识知识、本体性知识、条件性知识和实践性知识的学习。信息技术教育在学科性质上很难归属，现在不但科技含量大大提高，人文背景也愈加深厚，它横跨众多学科，涉及自然科学、社会科学、人文科学等几大领域；所涉及科学技术包括传感技术、通信技术、计算机技术和控制技术四大基本技术。其中现代计算机技术和通信技术构成了信息技术的两大支柱；而文字编辑、图形处理、动画制作、网站建设、多媒体素材集成、教学情境的创设、学生情感的培养等，无不体现教师的审美情趣和艺术修养。健康保健方面的知识、文献检索及外语等工具类知识、法律和伦理学知识，对开展信息技术教育都大有裨益。计算机基础、Windows操作、Office应用、数据结构、微机原理、程序设计、多媒体课件开发与辅助教学、动态网站建设与开发、计算机维护与维修等，始终是信息技术教师的本体性知识。教师的教育理念、自我定位、教学伦理、批判性反思以及情境策略等实践性知识，无疑左右着教师的教育行为与成效。从专业能力看，信息技术教师需要加强教学能力、技术应用能力、沟通协作能力、教育科研能力和自我发展能力的培养。信息技术教学兼具发展性、工具性和实践性等多个特点，对培养学生的创造能力、动手能力、自学能力、分析解决问题的能力、协作式学习的能力至关重要。信息技术教师必须具备教学设计、多种媒体教材编制、教学组织与管控、语言表达、软硬件操作、资源利用、信息技术教学方法的综合运用、教学评价、教学研究与创新等方面的基本能力，探索适合信息技术课程特点的切实可行的教学方法和教学模式。在信息技术与其他学科课程的整合方面，信息技术教师要在促进技术应用方面起到核心作用。

信息技术教师必须具备完善、系统的与信息技术学科相对应的理论知识和实践知识。要对信息技术学科的基础性知识和技能有准确的理解，并能熟练地掌握。要对信息技术及信息技术学科的发展历史、现状及趋势有全面的了解，明白信息技术对人类和社会发展的重大意义，要掌握信息技术学科所提供的认识世界视角、思维工具和方法，并将其有效地传递给学生。这就要求信息技术教师系统掌握信息技术学科的专业知识体系，包括传播学、教育技术概论等理论基础知识，电工与电子技术基础、现代通信原理与技术等基础技术知识，高等数学、普通物理，计算机基础、计算机网络、多媒体与网络课件设计、网站创建与管理、数据库、程序设计等专业技术知识。

史家小学信息技术组历来强调“知识和技术”的重要作用，因为对信息技术组教师来说，要想成功地完成教学任务，上好信息技术课，在教学中发挥主导作用，首先要精通所教学科的专业知识，才能将知识内化到学生的心中，才能把所教学科的知识游刃有余地表述出来。信息技术的发展速度之快，是任何其他学科不能比拟的。应用软件更是日新月异，几年前的热门软件现在已处于淘汰之列。要使学生适应这种飞速的发展变化，教师必须先适应这种发展变化。

史家小学信息技术教师在不断夯实学科专业知识的同时，还深入研究相关软件技术，我们的教师既精通相关软件操作，又具备广泛的技术视野。史家小学信息技术组的每一位教师利用业余时间和自己的兴趣，学习了包括计算机程序设计、计算机网络技术基础、数据库技术、图形图像的处理、多媒体技术、人工智能、遥测遥感、信息论、控制论方面的知识与技能，及时掌握技术发展的方向及前沿动态，并运用到日常的教学和学校工作中来。信息技术教师要具有综合运用各种电教设备的能力。随着教育改革的发展，学校不断增添了新的电教设备，作为信息技术教师，需要掌握运用和维修各种电教设备的技术。就史家小学来说，信息技术教师们已经掌握了各种音视频技术，如摄像、编辑、录像、摄影、使用数码相机，修理各种器材及电讯技术等。

对于新技术，史家小学信息技术组有很敏锐的洞察力，这不仅是因为每一位教师自身的素养，更是由于史家小学为我们提供的宽广的平台和厚实的基础。在教育领域，只要有什么新的技术出现，史家的信息技术教师必须第一时间来掌握。实际上学校拥有相关的资源条件。学校发展到今天这一步，很多企业每当研发出一种新的产品或者是一些平台，首先想到拿到史家小学来试用，学校具备接触信息技术发展前沿信息的优越条件，教师就能接触到最新的技术。信息技术组的教师都有这方面的爱好，比如信息技术组汪忱主任是学校里面第一个用上苹果电脑的人，苹果笔记本现在普及得很快，史家小学信息技术教师要比一般人，甚至比整个社会都要提前了解新技术和使用新产品，对大家感到新鲜的设备，信息技术教师却不会感到陌生，作为信息技术教师也必须要做到领先。

保持领先是史家小学的传统。史家小学很早就用特技机。它是切换视频的重要设备，例如一节双机拍摄的录像课，需要有两个摄像机拍摄，同时还有一路课件信号，导播使用特技机在三路信号中选择一路录制到录像机里面或者转播到大屏幕上。

2. 相关学科知识广博

苏霍姆林斯基说得好："为了在学生面前点燃一个知识的火花，教师本身就要吸取一个光的海洋，一刻也不能脱离那永远发光的知识和人类智慧的太阳。"史家小学信息技术教师一直以来非常谨慎地处理"专"（钻研本学科专门知识）和"博"（了解和掌握多种学科、多方面知识）、"深"（深入研究一门专业知识）和"广"（广泛涉及自然科学知识和社会科学知识）之间的关系。在信息组组长付航老师的带领下，"一专多能"的教师专业发展定位逐步建立。除了及时更新自身的专业知识并寻找自己的特长领域之外，史家小学信息技术组的每一位教师广泛涉猎各门知识，研究信息技术和其他学科的整合。信息技术的发展一日千里，信息技术教师只有具备终身学习、持续学习的能力，才能紧跟信息技术的发展步伐，胜任自身角色。信息技术教师要善于吸收新观念、新经验和新方法，密切关注信息技术及其学科的国内外发展动态，及时更新自己的知识结构，刷新教育理念。在这一方面，史家小学信息技术教师的认识非常清楚。

史家小学信息技术组要求每一位教师不仅要懂得教学内容和教学方法，不仅会使用计算机、摄像机等简单的技术技能，还应当具备儿童心理学知识，了解孩子获取知识的渠道，具备营造宽松和谐的课堂氛围的方法，以及为老师们课堂教学制作各种电教用具的技术和能力。甚至还要懂得音乐和美术。只有这样，才能真正做到为老师们服务。

比如，以一节音乐欣赏课《单簧管波尔卡》为例。信息组教师在课中用DVD放了维也纳新年音乐会中的《农夫波尔卡》，当大屏幕上清楚地出现了随着波尔卡音乐跳舞的场面时，孩子们都情不自禁地随着音乐摇晃起身体来，深切感受到了波尔卡舞曲魅力。信息组教师还用计算机做了课件，做了单簧管波尔卡的整个乐曲和片断，上课时想用什么就用计算机的鼠标点出什么。信息组教师还把舞蹈录像片断与上课要用的波尔卡舞曲编辑在一起，放进计算机里用大屏幕放出来让学生欣赏。这种编辑不仅需要计算机技术，还必须懂得音乐，信息组教师做到了这一点。

再比如，信息组教师给美术课做的《小画家》电脑小画册，极受孩子们喜爱。小画册中有同学们的美术作品、作者照片、作者的话以及美术老师的画评，还配上了优美的音乐。《小画家》电脑画册已被学校制成了光盘和录像带，随时都可以放给同学们看。同学们也可以转录下来回家和爸爸妈妈一起看，这极大地调动了学生的学习积极性。

正是在“每一位信息技术教师必须严格要求自身专业素养”理念的引领下，史家小学信息技术组的工作得到了东城区，乃至北京市的认可。多年来信息组教师们保持的优秀传统值得永远传承，并且获得其他学校借鉴。当初卓立校长提出一个口号——“有困难找史家”，给信息组的工作指出了努力的方向。史家小学信息技术组一定要领先，一定要能解决困难，一定要能协助教委，把不好解决的困难解决掉。这实际上是在技术专业性和领先性上对信息组的要求，现在这已经形成习惯。

王欢校长评价信息组这个团队很专业，信息组教师很欣赏“专业”这个词，认为它比“优秀”、“高档”这些词都更实在，“专业”就是说明他们很称职，把每一件事情都做得有模有样。之所以得到更大范围的认可。是因为他们出色的工作表现。东城区教委每年都会在史家小学开总结大会，而录像的工作理所应当地由史家小学信息组承担。东城区的大型教学研讨和赛课活动，他们也经常被调去录课。由于长期进行录课，他们积累了一套自己的经验。比如上课教师的着装问题，教师不能穿花格或蓝格的衣服，因为那样拍摄出来后图像会抖得厉害；如果是木板地的话，教师不要穿走路声音特别响的鞋。还有摄像机放在什么位置上，声音如何采集，他们都有自己的一套做法。现在北京市东城区，从教委领导到业务部门，普遍认为史家小学信息技术组是一支很专业的队伍，凡是需要录课或区级的大型活动，都会想到他们，史家小学信息技术教师就开着车，拉着设备，到区里或其他学校拍摄。这时候身为史家小学信息技术组的一员，总是感到非常自豪。

2011年4月至今，史家小学信息组主要承担了全国英语教研活动、全国小学创新教学方法展示、水利部节水动漫片启动仪式、东城区小学教学质量分析会、北京市英语会话教学研讨会、东城区数学学段衔接会、学区文艺会演、中国民主促进会“六一”演出、东城区庆祝“六一”儿童节大会、东城区艺术节小剧展演、北京市语言文字工作大会、东四十七条小学运动会等重大活动的服务工作，另外每月还平均承担市、区教研活动6次，每月平均录制其他学校课程3节，全组上下均能齐心协力完成好各项活动。2011年东城区校外教育办公室进行金帆艺术团汇报需要编一个短片，校外办委托史家小学信息组来编，赵朋秋老师积极地承担了这项任务。由于是东城区金帆艺术团的短片，要求比较细致，做出一稿又觉得还可以更好，一改再改，从下午一直编到了深夜，直至凌晨两点才做出了成片，受到了校外办的高度评价。

第2节　对专业的开拓进取精神及无限热爱

信息技术教师要具备敏锐的信息意识。信息技术教师要意识到信息在信息化社会的重大作用，时刻感受到自己对信息的需求，要善于发现并把握在教育教学中有价值的信息，要具有把信息技术与其他学科整合的意识。有了信息意识，信息技术教师还要有超前意识和创新精神。史家小学自认识到使用先进的电教技术是一个新鲜事物的开始，一直在走前人没有走过的路，勇于创新，走在时代发展的前列。史家小学信息技术教师从不坐等，勇于创新，勇于开辟新路。

素质教育的重点是培养学生的创新精神和实践能力，安于现状的教师很难培养出创造性的学生。特别是作为整个学校课程整合中坚力量的信息技术教师，更应具有开拓进取精神，具有竞争意识和知难而进的勇气，善于学习，大胆探索、创新，用新视野、新知识、新观念构建新的教育途径和方法。因此在教育教学活动中，信息技术教师更应注重培养学生创新意识，激发学生强烈的求知欲、好奇心，鼓励学生大胆想象，异想天开；大胆质疑，不因循守旧，不盲从权威；培养学生综合运用信息的能力，让学生在学习中感受到求知欲得到满足、好胜心得到鼓励、创造力得到发展的成功感。

我们从事任何一种职业，做任何一件事，要使其成功，都必须有极大的热情，倾注全副身心。教师工作的动力，来源于教师对教育事业的热爱和执著追求。信息技术教师更要有甘作铺垫、乐于奉献的思想准备，能心甘情愿地献身中小学信息技术教育事业。在史家小学，每位教师深爱着自己的事业，正是这份执著，创造了史家小学今天的骄人成绩。卓立校长、黄守圣校长和汪忱主任对信息技术工作的热情和热爱，让信息技术组的每位教师感动不已。

黄守圣校长是一个非常热爱信息技术工作，并把这种热爱转化成工作动力的例子。他是全国电化教育优秀工作者，从事学校电化教育工作二十余载，人称“老黄牛”。刚到校时，黄守圣校长不厌其烦地帮助教师做各种幻灯片。由于当时投影机数量有限，哪位教师上课需要，黄守圣校长就将投影机搬到哪间教室。电教设备若出现故障，都是黄守圣校长负责维修，为学校节约了大量资金。他很少按时下班，有时忙起来，夜里 11 点才能到家，常常累得在公共汽车上就睡着了。卓立校长对信息技术也有很高的热情，对新技术保持高度的敏感，有这方面的新技术或新设备出现，他马上考虑能否在学校应用。卓立校长也是电教出身，史家小学今天的辉煌成就即肇始于他的喜欢。他喜欢洗照片，喜欢拍照片，喜欢无线电，喜欢电视，等等。正是因为有了这份热爱，他才做了许多开创性的工作。

卓立校长与黄守圣副校长基本同岁，两个人合作了一辈子。卓立校长对黄守圣校长的评价是：一个完全可以信赖的人，非常可靠，交给他的事情都认真去办，不计较什么个人得失。黄守圣校长确实是这样，他的这种品格在日常生活的中的很多小事上都有所体现。

史家小学信息技术组汪忱主任的成长经历是一个爱好与工作结合得比较成功的典型例子。汪忱主任在来到史家之前，是一个“摇滚式”的人物。他曾经在其他小学工作了十年左右，教音乐课，没有追求事业的感觉。

汪忱主任的妈妈孙蒲远老师是史家小学退休的“北京市特级教师”，一生从事着她最热爱的教育事业，她经常向汪忱主任传达她的生活态度：做工作不在于赚多少钱，而在于有价值。做一件事情如果能把工作与爱好相结合，就会相得益彰。她对汪忱主任说过，她评上“北京市特级教师”，还获得了一系列的荣誉，但是她并没有急功近利地拼命去追求这些东西，用她的话说，这一切都像天上掉馅饼似的。因为她爱教育工作，工作给她带来很大的成就感和幸福感。汪忱主任渐渐认同了她的这些想法。每个人都在追求人生的幸福，汪忱主任也经常和朋友们讨论关于幸福的话题。在到了一定年龄之后，应该做一些有价值的事情，才能感到幸福。

汪忱主任调来史家小学工作，其中一个重要的原因就是出于对高档电子设备的狂热追求。他爱好摄影，爱好音乐，希望能用上好的照相机和电钢琴。但他以前工作的小学不具备这些条件。他自己组建乐队也有向往专业设备的因素。后来他发现，自己向往的这些东西，史家小学都有。这就满足了他的个人愿望，他的爱好与工作找到了一个结合点，个人愿望和学校发展结合在一起。学校地下一层从楼梯一直走到餐厅的墙上挂着许多照片，80% 都是汪忱的作品。史家小学给汪忱这些条件，给他用这些好的设备，他就用这些设备为学校创造了无形的财富，记录了史家小学一个又一个荣耀的、不可复制的瞬间。

记得卓立校长当时并不太了解汪忱主任，只知道他是搞音乐的，不知道他具体能为学校作什么贡献，也是抱着试试看的想法。经考察发现，汪忱主任掌握的计算机应用水平比较高，能帮教师们做课件，在音频制作和演奏乐器方面也有优势。来到史家小学以后，汪忱先把发型、穿着彻底改变了。他一下子就喜欢上了这所学校。学校领导递给他一大串钥匙，每一把钥匙开一个门的，有的是房间的门，有的是柜子的门。掌握了这么多的设备，他感到相当满足。他把精力完全用在这上面，掌握以后，他开始在工作中发挥自己的专长。卓立校长买回来一架意大利的电子钢琴，每次有人来参观，汪忱主任必然弹奏一首曲子，成为史家小学“一景”。孩子们值得最好的资源配备，史家小学有这样好的琴，有这样好的教师，当然要向来访者展示。

汪忱主任的音乐专长在史家小学有了用武之地。教师的课件需要配乐，如果在网上或其他途径找的音乐不合适，汪忱就根据教师的要求自己弹奏，再在个人的工作室里合成，效果非常理想，这些音乐经常在东城区其他小学里广为传播。

到了四十多岁以后，汪忱主任仍旧愿意琢磨信息技术，愿意拿起相机给台上的人照相，而不是坐在台上看别人照相。这是他的师傅——黄守圣校长传承给他的。黄守圣校长是一个默默无闻、甘于奉献的人，别人尊敬地称他为“老黄牛”。在没有退休时，他的办公室是在地下室的一间小黑屋，他每天待在里面修理或组装各种废旧的设备。比如说电脑、录音机、录像机坏了，很少拿到外面去修，他喜欢自己把它们修好。所以许多教师喜欢和他开玩笑：“你每天坐在‘耗子洞’里鼓捣什么呢？”他房间里面光线不好，只有一个灯泡，本是一个库房。房间面积不大，东西很多，显得特别乱。里面放的都是一些设备，有的能修好，有的可能根本修不好。黄守圣校长会拆了小零件，另外凑成一个好的。他们那代人都从过苦日子走过来的，很节俭，一个小零件也不舍得扔，一个齿轮或一个螺丝都能派上用场。有的设备可能正好缺一个螺丝，到市场上也很难买到。

自1999年开始，汪忱就与黄守圣校长一起工作，直到黄校长2010年退休。在所有史家人心目中，黄校长是很能干、很敬业的老人，没有架子，要他坐在主席台上像领导那样的讲话或者陪同领导在那里坐着，他就很不舒服，总是找个机会就到台下去，和汪忱一起照相或摄像。黄守圣校长也把这些视为生活中的一大乐趣。他喜欢做这种事，这是他一辈子的兴趣爱好，这也是多年形成的习惯。黄守圣校长对汪忱主任的影响非常大，平常学校有重大活动的时候，他总是在后台忙碌，没有踏踏实实看过一次演出。学校无论是在人民大会堂的演出也好，还是在保利剧院演出也好，汪忱主任都是在后台做技术支持。

2009年是史家小学建校70年校庆，学校举办了校庆活动。校庆当天在人民大会堂演出，汪忱主任从早到晚一直拍照。当天汪忱主任安排了许多人照相和摄像，他认为二楼是拍摄全景的最佳地点，因此特意在二楼拍摄。在活动即将结束，全体演员出来谢幕的一刹那，汪忱主任按下了快门。这正是他想象中的效果。这张照片能够体现人民大会堂最典型的特点，它有一颗大五角星、三层观众台等，这些也只有人民大会堂才有，另外校庆会标也在合适的位置。照片很完美，人民大会堂这个顶灯不是一直亮着的，只有刚开场的时候和谢幕的时候才会亮，中场是黑的，所以他一直在等着。全体演员上场谢幕了，顶上的大灯亮起来，他摁下快门拍出了这样一张完美的照片。这是汪忱主任工作中的一个典型事件，体现出他的工作特点。他追求最佳效果，重大活动一定亲力亲为。学校无数次活动的摄影都是他亲自去做，他更愿意自己参与其中，这让他觉得非常有成就感。

能把爱好和工作结合在一起，工作效率就会更高；尤其是在学校做信息技术工作，工作内容多，公开课、示范课这样的机会比较少，如果没有兴趣做支撑，那做起来肯定非常枯燥。只有热爱才能点燃创新的动力和激情。

金帆舞蹈团经常去演出，其中踢踏舞在木地板上跳更能显示出这个舞蹈的特点。但是，演出的场地各不相同，有些地方的舞台盖着地毯，踏不出声势，而一个节目又不能大费周折地转换场地。为了解决这个问题，事先要把舞鞋踩在地板上的声音先录下来，与音乐合成一起，这要效果就会很好。汪忱主任和其他信息技术组的老师先找几个金帆舞蹈团的学生到录音棚录音。为了达到最佳效果，大家试验了好几种木头，因为舞鞋踏在不同质地的地板上发出的音色不同。反复试验了好多次之后选好木板，请几位同学伴着音乐跳一遍舞蹈，把声音录下来，然后经过合成，听起来的效果就是十几个学生甚至二十几个学生在跳，而不是只有一个人在跳。

到了史家小学以后，汪忱主任才发现自己的音乐素养有了用武之地。他可以控制音响，弹钢琴，懂 IT，每个领域他都比较精通，可以利用这些能力把工作做好。如果教师有多方面的才能，对学生、对学校来说更有意义。

汪忱主任还从师傅黄守圣校长身上学到勤俭节约的品质，现在还有许多教师说他“你看你跟师傅学的”。汪忱主任从不轻易浪费东西，旧设备也是能使用就尽量使用，教师们觉得应该淘汰了，但他还是尽量使用，一直到实在不能用了再考虑让它进库房。2012 年学校的礼堂和演播厅都需要改建，需要更换大量的设备。随着理念的更新，许多设备实在是需要更新换代了。而汪忱主任对它们仍然恋恋不舍。以前礼堂里用的是英国产的调音台，体积比较大，上面有很多路线。现在学校购买的是日本产的雅马哈，体积很小，全自动、数字化，能通过菜单来控制。一想到原来的调音台即将进库房，汪忱主任的心里很不是滋味，因为他对这个设备已经有了很深的感情。至今调音台也没有处理，还摆在原处，他一直在考虑：这个设备是不是应该给别的学校使用？之前有的设备曾经采取过这种方法，给其他学校使用，只要在教委办一下设备移交手续就可以。比如学校的剧场换了三台投影机，移交给了手拉手的学校，让它们在那里继续发挥作用。

信息组汪忱主任拍摄的史家小学建校 70 年校庆照片

史家小学是一个充满机遇的地方。这里平台很高，有很好的工作氛围。汪忱主任回想起来：如果不来史家小学，可能现在还是一名默默无闻的音乐教师，乐队也不会有太大的名气，也不会受到重视。即使他的钢琴弹得再好也没有用，钢琴弹得好的人大有人在。在史家小学，汪忱主任找到了自己的位置，学校给了他很大的空间和平台。学校的声望很高，对史家小学的教师也会有更高的期待。在信息技术方面，信息组被认为是排头兵，因此，作为信息技术教师必须强迫自己掌握新的技术，这样才无损于史家小学的声望。这也促使汪忱学习了很多东西。在史家小学，汪忱体会到了一种被重视、被尊重的感觉，继而产生了自我实现的需要。这是一种良性循环，这比获得多少的财富都让自己感到满足。

第3节　敬业奉献和热情服务的人格魅力

随着社会的进步，教师的社会地位越来越高，得到社会各界越来越多的尊重。但由于社会经济发展水平的局限等原因，与社会上其他某些行业相比，教师的经济收入往往会显得相对低些。面对诱惑，具有崇高的敬业奉献精神的教师们仍能怀着对教育事业的一份特殊的感情，继续毫无怨言、脚踏实地地去从事着各项教育教学工作，为教育事业作出自己的贡献。

敬业的信息组教师，因为具有强烈的事业心，永远会认真及时地去总结自己工作中的经验教训，千方百计地去虚心地学习，以积极的态度去掌握更多更新的专业知识，努力提高自己的专业水平。这一定会使信息组的专业水平不断向着更高的层次发展，从而为一线教师提供更好的信息技术的支持，间接地为学校的教育教学作出自己的贡献。

1. 每一件工作都力求做到精益求精

史家小学信息技术超前，工作量大，人手少，所以工作非常繁忙。没有无私奉献的精神是做不好这项工作的。学校的电教设备很先进，增添一个设备一般都要上万元甚至几十万元。所以必须慎重从事。学校用了10万元就建成了百兆校园网，和一些学校用上百万元建的校园网相比，实用功能并不差。做到既实用又经济，首先要花力气了解有关资料，了解各方面发展的进程，给学校领导提供最有价值的参考信息。信息组教师在给老师们做课件时，总是反复修改，达到效果满意为止。信息组加班加点是家常便饭。有时为了更新设备，假期里也不休息。

在学校里做信息技术工作的教师都有这样一种体会：信息工作很难确保万无一失。比如在一些重大活动之前，已经精心地调试设备，但正式开会时话筒却突然出现啸叫，不响了，或突然停电了，当时真是特别着急。几年以后，再回忆起这段往事，那种着急变成了大家共同的“美好”回忆。

尽心尽力地关注每一个细节，力求对每一位教师服务到位，但令所有人都满意难度非常大。不过，信息组尽量听取教师们的建议，了解他们的需求和困难，能解决的都会尽力去解决。

汪忱在工作中也曾经有自己不满意的地方。学校有一年的开学典礼进行三所学校的现场直播，前一段图像和声音还正常，可是突然就没有声音了。这件事情给汪忱主任留下了一点“后遗症”，对待学校的工作更加谨慎，更加精益求精。每次重大活动，他都会亲自盯着，反复检查每一个插头、每一个接线板是不是插紧了。

2. 为一线教师们服务不管分内和分外

史家小学的办学目标就是“一切为了孩子，一切为了明天”，这句话中就包含了学校中关于服务的定义，孩子是被服务的对象，老师要全心全意地为孩子服务。信息组的教师一直奉行这样的理念：“真心为别人服务的人，服务的过程是快乐的，是一种特殊的享受。”雷锋做了一辈子好事，帮助过的人数以万计，他从未因帮助他人而感到过烦恼，因为他对别人的每一次服务都是自觉自愿的，发自真心的。这样为他人服务不仅成了他的天职，也给他带来了终生的快乐。

信息技术教师在工作中经常会遇到这样的情况，有的教师多次咨询信息技术方面的同一个问题。信息技术教师始终站在理解他的角度，因为他们清楚和自己相比这些教师在信息技术方面是外行，他们询问许多次肯定不是故意的，不能以自己的技术水平来要求教师，而要转换视角和立场，多站在普通教师的角度来理解他的想法和理念。遇到这种情况，每次都要非常认真地对待，并且争取让教师的电脑操作水平有所提高，化被动为主动，最好一次性地教会教师们解决这个问题以及与其相关的问题。这样，教师学会了这个技能，就能够自己解决问题。这不但节省了信息组的精力，也让教师具备了一项技能。史家小学信息技术教师经常会接到教师打来的电话，拿起电话，只要知道是谁打来的，需要解决什么问题，信息组的教师马上就会把思想转换到他的角度，根据其信息技术水平采取合适的方式和用语来与他进行沟通。

教师的主要阵地在课堂，因此，有一些信息技术不需要他们掌握，比如PhotoShop这样的软件，如果他们掌握不了，就让他们学用光影魔术手就可以，真正需要PhotoShop的是专业人士。比如在制作教学课件的培训中，信息组会以PPT为主，不会以Flash为主。因为Flash这个软件比较专业，掌握起来有一定的难度。操作难度不大的可以让教师们掌握，专业的技术问题留给信息组来解决。

时间长了，教师们把信息组的教师视为可以依靠和信赖的“技术顾问”。即使在家里遇到与信息技术相关的问题也会请他们“出谋划策”。有的教师想买一个电视，也会来问信息教师。这说明他信任信息组教师，觉得他们很可靠。由于信息组教师无数次地帮助教师们，无论分内分外，所以群众关系也比较好。

3. 不断思索，让“更换”政策体现出人文关怀

2005年，学校为每位教师配备了同样型号、同样配置的笔记本电脑。第二年，学校增加了20多位教师，信息技术组采购了20台同样型号笔记本电脑，配置比第一年买的电脑稍高一点。第三年，学校又来了30位教师，以前购买的同型号的电脑已经不生产了，因此，信息技术组又采购了新型号的30台电脑。等到下一年再换电脑的时候，有些问题就突显出来了。学校每年的新教师都是大学毕业生或者从别的学校调过来的，同样用6000元钱，今年买的电脑与前年买的相比配置更高，也就是说，学校里的新教师用的是配置更高的新电脑，而为史家小学作出过贡献的教师用的是旧的或是配置稍低的电脑。考虑到这一情况，汪忱主任向学校建议改革笔记本电脑更换政策，新政策采取一种更替式的方式。学校新买的电脑优先配给学校的优秀教师，他们

换下来的那些电脑，经过信息组的修整发给新教师，这样不仅激励新教师努力为学校作贡献，而且为学校作出贡献的教师的付出也获得了认可。

这一政策从2008年一直沿用至今。从教师们的反馈来看，效果很不错。但从信息组的角度看，这项政策无异于“自讨苦吃”，因其大大增加了信息组的工作量。每年一到七八月份，信息组就要回收电脑了，由各部门确定哪些教师的笔记本电脑给予更换，把他们的旧电脑收上来，电脑里所有的资料拷贝出来，传到新的笔记本电脑里，再把新电脑交到老师的手里。对于回收的旧笔记本电脑，也有固定的处理程序：首先把电脑硬盘重新格式化，装上新的操作系统和日常需要的所有的软件，并且要清理外观，不能弄的脏兮兮的，让新教师也有一个好心情。这要把电脑的灰尘都全面清理，再配一个新的笔记本电脑包和新的鼠标。经过信息组的精心清理，旧笔记本电脑不带任何旧痕迹。这种滚动式发放笔记本电脑的方式，教师们都很满意，后来得知一些外企也是这样做的。比如惠普公司，新员工就是使用旧电脑，就是让他们体会到一定要为企业作贡献，才能获得更好的，从而起到激励的作用。这项工作虽然增加工作量，但是政策比以前更合理了，信息技术组的每位教师也都觉得很满足。

后来，在给每位教师配备照相机这件事情上，也沿用这种方法。学校给每一位老师发了一个卡片机，目的是为了让教师们能够随时记录班里面的一些事件。虽然信息技术组专业机器和设备很多，但是不可能捕捉到班里的每一个细节，这时候教师就可以用卡片机随时记录班里的情况。

4. 耐心、细致地解决每一位教师遇到的技术难题

信息组也在反思，如果负责的事情过于宽泛和细致，会不会让教师们养成一种惰性，出了问题不去主动思考？因为每一个人都是有惰性的，技术团队越强大，教师们的惰性有可能会越强。为了处理这一问题，史家小学信息技术组经过研究，一致认为解决的办法在于加强培训力度，让教师们能够自己解决一些问题。同时，鼓励教师形成一种自己“做成一件事一定会产生自豪感”的心理，不要过度依靠“外脑”。

史家小学信息技术组一直以来都有一个很好的理念，就是把老师的困难当作自己的困难，真心实意、全心全意去帮忙解决。有一次，外省市的几位校长与史家小学技术组教师交流，大家在一起沟通：现在的教师上课都使用计算机，每个老师都有一台电脑，如果教师用的电脑坏了谁来修？外省市的校长就说：“我们学校不管，我们就是政府采购，在保修的范围就直接找供应商。软件坏了自己修，教师自己负责后期的维护和保养。这好比家里买一个锅，由于使用不当坏了，就应该自己修。”但是在史家小学，并不是这样处理。按理说，电脑软件出现故障应该教师自己处理，但是教师们不是修理人员，费时费力还不一定能解决问题。因此，作为教师们的“技术顾问”，信息组会尽量帮他们解决问题，教师的电脑出现任何问题都可以送到信息中心，会有专门的维修人员给修理。

说到年轻教师，由于他们对电脑的需求比较丰富，学校配备的电脑原装的都是 Home 版操作系统，很多年轻教师自己改装成 Professional、Business 版本的操作系统。但改完之后会出现很多问题，遇到这种情况，信息技术组教师也都愿意帮他们解决。史家小学的教师数量多，信息组尽量能考虑到教师们的特点，根据他们的需求做到让他们满意。

多年来，史家小学坚持的还是这种方式。不管教师什么时候打电话，不管晚上报修，还是中午报修，信息组都是第一时间来解决，理念是：教室里面的设备以实用性为主，学生收获到知识和技能是第一位的。在史家小学的教室里都是人性化、实用性的设备，没有为别人参观而做的面子工程。

5. 为学校提供专业、便捷、有品质的服务

史家小学信息组的服务理念是不但要把工作“做完”，而且要“做好”。做到这一点并不容易。史家小学信息组刚从大学毕业的张欣欣老师在一件小事上体会到了“做完”与“做好”的差异。

每逢9月份新学年伊始，信息组的工作是最多的。教师们调换办公室，学生们到新的教室上课。电教教师要保证每个教室的多媒体设备都能正常使用，还要制作新的电话表，这是很重要的一件事，绝大多数教师们的办公电话号码都换了，没有新的电话表，不能及时沟通，对工作影响很大。

开学的第一天，刚入职的张欣欣老师第一次做电话表。接近下班时间，她终于把所有教师的姓名、电话及所在办公室都记下来，剩下的事情就是输入到电脑里打印出来，这不是什么难事，按照旧的电话表照葫芦画瓢，不到10分钟他就做完了。当他拿着做好的电话表给刘主任时，刘主任提出了一个小建议：把所有的名字都对齐。张欣欣老师确实没注意到这个问题，她是在名字后面空一个格写上三位数的分机号，但是有的名字是两个字有的是三个字，这样就变得参差不齐，找电话的时候就不好找。刘主任和他一起到办公室，和他一起修改，边修改边提出另外一些意见，应该把年级组长和教学组长放到更醒目的位置，毕竟大家找的最多的是组长；字体和字号也反复斟酌，使整个表格美观、清楚、整齐，还有最重要的是实用。在张欣欣老师原本以为10分钟可以搞定的事情，足足推敲了40分钟才算大功告成。

张欣欣老师对这件事很有感触："做一件事、做好一件事、做一件大家都满意的事，这是三种不同的投入、三种不同的态度、三种不同的境界。做一个电话表不是难事，难的是能够让大家找起来快捷，用起来方便。电教工作就是为老师的教育教学工作提供便利和服务，这就需要我们站在老师使用的角度上考虑解决问题的方案，要让教师们用起来方便、效果好才能算是成功。带着这种思维方式进行电教工作就不会有教师不满意。这件事给我的影响很大，让我改变自己的工作方式和工作态度，使我从一个初出校园的学生迅速地适应了工作岗位。"

专业的技术，是每位信息技术教师都应该努力追求的。只有做到专业，我们的服务才是有品质的，否则，只会沦为一般的设备操作人员。这与信息技术的发展趋势严重不匹配。另外，现在信息技术不但服务于学校发展、课堂教学、教育活动、教师和学生发展，还要依托技术平台达到“引领”的层次，这就更需要教师做到专业。除了专业，信息技术教师还必须是“敬业”的。与IT界的专业技术人员相比，信息技术教师还有一个教师身份，因此，必须以教师敬重职业的态度，要求言行举止、工作水准符合教师职业的规范。教师是一本无字却内容丰厚的书，扉页是真、善、美，后面毗邻着爱与责任，还有不可或缺的高层次的文化与修养。每一天，我们都要努力充实自己这本书。

第4节　强大的交际协调和广泛的社会交往能力

中小学信息技术教育的普及和日渐深入人心，离不开学校领导的支持和广大教师的认可，信息技术教师交际和协调能力都特别强，一方面善于向学校领导宣传普及信息技术教育的重要意义，一方面在教师信息技术培训中具有出色的组织协调能力。

信息技术教师的工作不同于一般教师的工作，更需要广泛的社会交往能力。做这项工作绝对不能闭门造车，而需要了解大量的社会信息。途径就是要广交朋友，信息技术组教师的朋友有计算机专家，有计算机制图能手，有专业团体的音乐人才，有乐器行的老板……同行的信息技术教师都是自己的朋友，更是自己的老师。他们可以无偿地提供最新的信息，让自己最快地了解科学技术发展方面最前沿的情况。需要添置新设备，又怕上当，请教一下计算机专家，他可以带领你逛遍中关村的所有计算机商场；想了解如何发挥电教设备的作用，约几个电教老师聚会，一边聊天，一边商量；乐器行的朋友推荐了一台音乐工作站（智能电子琴），能演奏、模仿各种乐器的声音，买来后派上了大用场。当智能音乐工作站和计算机连在一起后，做出的计算机课件非同一般。比如，让学生识别各种乐器，可以先把各种乐器的照片输入计算机，再用智能音乐工作站配上不同的乐器演奏的同一段音乐。上课时，老师用计算机鼠标点击什么乐器，就出现什么乐器演奏的乐曲，而这些乐曲全是电教老师在智能音乐工作站上自己演奏录制下来的，非常直观。智能音乐工作站具备钢琴的一切功能，搬运起来方便得多。有一次史家小学和丹麦的一个学校联欢，当他们看到史家小学的智能音乐工作站时，非常惊讶，羡慕之情溢于言表。这个时候，信息组教师觉得自己的付出都是值得的，非常有成就感。

随着时代的发展，随着改革的深化，随着素质教育的实施，对信息技术工作人员的要求也变得全方位、多内涵。信息组教师在技术上追求专业，但始终还是教师。给教师们做课件、配音乐或做其他工作时要注重细节，而且不能只是站在技术人员的角度思考如何把东西做出来，而要想到教师在使用的时候更方便、更容易达到最佳效果。史家小学现在有 300 名左右的教师，他们的特点各不相同，信息技术水平也参差不齐。与教师们进行交流的时候，基于多年来对他们的了解，信息组教师总是首先判断采用哪种方式与他交流更顺畅，更容易被他所接受和理解，并由此实现了良好的沟通效果。

第 11 章
团结、分享、和谐的信息技术团队

2010 年，黄守圣副校长退休，由汪忱老师来负责学校的信息化工作。黄守圣校长对学校信息化建设和信息组团队建设作出了巨大的贡献。在他的带领下，学校的信息组成为一个能吃苦、能战斗、讲奉献、讲团结的队伍。卓立校长和黄守圣校长进行的许多信息创新工作，以及他们艰苦奋斗、勤俭节约的品质深深影响了信息组，奠定了整个团队的精神风貌。

一次行政会结束之后，汪忱主任心里有很多感触。会上，分管各项工作的负责人分别介绍自己的工作，他们之间彼此交叉的工作内容很少。而汪忱主任谈到信息组的工作时，会与他们有着千丝万缕的联系。信息组与所有人的关系更多的是一种合作关系。由此，汪忱主任更加意识到，信息组所发挥的作用不只是服务，还应该具有“桥梁”的作用，再进一步说，信息技术组还应该做一些创造性和具有引领意义的工作。

曾经有一位教师半开玩笑地对汪忱主任说：“你们信息组真是一方净土。”其实，史家小学的整体氛围都是合作、团结、大气和包容的。如果说，其他教师是站在“前台”，史家小学信息技术组的教师们就是站在“幕后”的；他们的工作性质决定了其工作理念必须是协作和奉献。

第1节　团队风采

史家小学信息组现在共有11位专职教师。这个团队年龄搭配合理，汪忱、付航和张立新3位老师步入中年，学识渊博、经验丰富；刘冠廷、顾国威、刑超、张欣欣、李雪、路莹、单博文、赵朋秋8位年轻教师朝气蓬勃。一所小学能有11位信息技术教师实属不易，在数量上保证了可以在工作中分工明确，实现一专多能。随着信息技术在学校发展中扮演的角色越来越重要，信息技术的专职和专业非常重要。史家小学的信息组相对于其他小学来说有明显的优势，教师数量较多，技术非常专业。据我们了解，其他学校有的信息技术教师或者是兼职的，或者是无法从事其他学科教学的，这对学校发展无疑会造成一定的不良影响，尤其是处于数字化时代的今天。在信息技术专业教师配备方面，卓立校长和王欢校长非常有远见。史家小学很早就有专职的计算机教师，并且学校历来十分重视信息化工作，黄守圣校长在退休之前一直负责学校的信息化工作。

学校历来很重视数字媒体技术在学校日常工作当中的运用，因此对信息组教师的个人发展也相当重视。因此，只要能为学校服务、为教学服务，学校都能满足信息组教师的需要。同时，史家小学的信息技术团队，其成员都有着各自的梦想，这个团队共同的特点就是喜欢接触该领域的诸多新鲜事物，如研究各种设备、办公软件等，个人将自己的情感与现实工作融为一体，是为实现梦想而来，史家小学则给他们提供了相当广阔的平台。

正如前文所述，学校信息组的工作内容达到17项之多，这一点也与一般学校电教部门的功能有所不同。一般学校的电教部门只有几位教师，专门负责教学录像和视频编辑，其他的事情就不太涉及。由于实际工作需要，史家小学的信息组可以说是非常专业的信息技术团队，信息组每个人都是一专多能的。

史家小学教师之间的关系都是非常和谐的，这一点信息组也不例外。信息组不但内部关系和谐，与其他组的教师关系也非常融洽。史家小学信息技术教师为学校各项工作提供技术支持，在共同工作中结下了深厚的感情，也获得了其他组教师在情感和专业方面的信赖。教师们在遇到技术方面的问题时经常向信息技术教师咨询，生活中当他们买电视机、相机、电脑等电子产品的时候也是第一时间想到信息技术教师。这说明，信息技术教师的服务是到位的，其技术水平也得到了认可。

史家小学信息技术组给人的突出印象就是团结。有的教师说，信息组像一个大家庭，充满欢声笑语，大家非常团结，谁有了困难大家都会伸出无私的援助之手。信息组有个惯例，早饭、午饭全组一起吃，有时等这个、等那个看似耽误了不少时间，但重视交流使大家保持默契，而且如果谁有事耽误了，想着还有同组的老师在等着自己一起吃饭，心里暖洋洋的，这种情感维系使大家如一家人一样。吃饭时信息组会坐在一起，有时谈论一些感兴趣的话题，有时把工作中的新发现和遇到的困难和大家交流，有时会布置下一段要完成的工作……这个集体让其他老师也非常羡慕，而信息组教师也非常自豪有这样一个团结的集体。

史家小学信息技术教师把工作视为职业，有热情，能坚持，不争名逐利、喜钻研。因为这是一项能耐得住寂寞的工作，只能默默地为教师服务、为学校服务，镜头前是教师们的精彩表现，而自己则在摄像机背后默默操纵着各种复杂纷繁的机器。

朝气蓬勃的信息组年轻老师：赵朋秋、杨京、张欣欣、顾国威（从左至右）

史家小学信息技术组还是个特别能战斗的集体，在工作中遇到重大、紧急的事件，信息组总是迎着困难上，全组一起战胜困难，取得胜利。信息组教师信仰无私奉献的价值观，在别人休息的时候，信息组的老师还经常加班完成学校交给的任务。例如2011年暑假，学校面临多项施工改造工程，信息技术组老师平均加班17天，汪忱主任更是整个暑假都战斗在工地上，基本没有休息。

史家小学信息技术组教师之间还特别乐于分享。信息组教研活动多种多样，有时外出参观考察，有时聘请有经验的专家讲座，有时针对工作中的问题进行专题研讨。其中最有特色的是“我的一绝”栏目，每次都由一位教师把自己工作中的心得介绍给大家。如付航老师做的“多机位拍摄技巧”，顾国威老师的“活动照片拍摄心得”，刑超老师的“imoive编出精彩视频”等。

信息技术组进行教研活动

下面是这个和谐的集体中每个人的特质概括，从中可以看出史家小学信息技术组每位教师的风采：

● 汪　忱：思想领先，良师益友。作为信息主任，他是信息组的领路人。工作中认真负责、严格要求，生活中无微不至地关心全组老师。

● 付　航：踏实肯干，认真负责。作为信息组组长能够以身作则，带领全组完成学校交给的各项任务。

● 张立新：学识渊博、诲人不倦。市骨干教师、中学高级教师、区兼职教研员，在北京市东城区信息技术课教学中独占鳌头。

● 刘冠廷：耐心细致，热情待人。青年教师的老大哥，史家小学团支部书记。负责低年级部信息技术课和电教工作。工作中认真细致，热情对待每一位教师。

● 顾国威：热情开朗，务实创新。各种活动都少不了他忙碌的身影。摄影、摄像、非线性编辑的全能型人才，正在自学“调音师”课程。

刘冠廷老师在工作中

顾国威老师在拍摄学生运动会

邢超老师在信息技术课上

青年教师李雪在上信息技术课

张欣欣老师在校园中

路莹老师和孩子们在一起

赵朋秋老师在工作中

单博文老师在上信息技术课

● 邢　超：机智风趣，创意无限。虽然是学校的网管，但在史家文化、新闻播报中随处都有他智慧的闪光。

● 李　雪：活泼热情，认真细致。作为信息组两朵金花之一，负责低年级部信息技术课和部分电教工作，还是电教设备的分保管。信息技术课及论文多次在全国、市、区评优活动中获奖。

● 张欣欣：机智幽默，讷于言敏于行。负责低年级部信息技术工作，工作中热情为老师服务，有求必应。技术水平高，深受低年级部老师喜爱。

● 路　莹：认真负责，顽强拼搏。作为信息组两朵金花之一，负责高年级部信息技术课教学工作。热爱教育教学工作，热爱学生。为了不影响学生的学习，曾经克服病痛坚持工作。

● 赵朋秋：朝气蓬勃，乐于奉献。认真完成每项工作，工作到深夜而无怨无悔，风吹日晒而苦中作乐。

● 单博文：敏而好学，乐于钻研。爱岗敬业，对工作有股钻研精神，是信息组的“小摄影家”。

第2节　团队精神

用“团结、拼搏、创新、奉献”可以概括史家小学信息技术组的团队精神。

1. 日常工作中体现出的团队精神

史家小学信息技术组是一支肯拼搏的团队，每一次学校活动的背后都有他们默默的付出。比如有一次邢超老师外出拍摄一部关于一位学生的短片，这个短片成片只有 3 分钟，但邢老师为了最终的效果拍摄了 6 个小时的素材，最终截取了其中的 3 分钟做成了短片，这件小事就体现着信息组特别肯拼搏的精神。

史家小学信息组也是创新的，信息技术的发展是日新月异的，只有拥有创新的精神才能拥有最新的技术，不会在技术上落伍。比如每一期的新闻播报、史家文化专题片的制作，都会用到新的技术和新的拍摄理念，给观众一种耳目一新的感觉。

史家小学信息组也是奉献的，每位信息技术教师是平凡的，又是不平凡的，他们坚守住自己的岗位，兢兢业业，经常加班也无怨无悔。

史家小学信息组教师团队不怕吃苦，敢于承担。2006 年 5 月 15 日，史家小学在保利剧院进行艺术展演的专场演出，史家小学信息组全力保障现场音响设备的正常使用，并负责现场摄像、照相工作。由于保利剧院要求在演出前一天晚 22 点以后才允许布置场地，全组老师牺牲了休息时间，半夜里还在保利剧院调试设备，为满足演出需求，老师们楼上楼下，一遍遍地检测设备。为确保当天工作的万无一失，5 月 15 日早上 6：00 之前，信息组全体老师就来到了学校，把剩余的设备运到现场，并继续进行连接、调试，一切工作都有条不紊地进行。直到整整一天的演出顺利完成，信息组全体教师才长长地舒了一口气。在这样一次次的活动中，信息组也在一步一个脚印地成长，逐渐展现史家小学信息组的风采。

史家小学的和谐理念对个人、对整个信息技术团队产生了很大的影响。《探索和谐教育》一书中说："一个学校，不可能人人都是全市、全国最优秀的，但是如果能形成最和谐的组合，每个人的积极性都能被充分地调动起来，这个集体就可能成为最优秀的。"在史家小学信息技术组，汪忱主任的工作就是把信息组凝聚成"最和谐的组合"，从而锻造出了一个卓越的团队。大家公认，史家小学教师队伍的传、帮、带作用非常强大。年龄稍大的教师在各方面为年轻教师做表率，其他教师自然受到影响，在团队的氛围中受到熏陶。史家小学信息组组长付航老师平时工作非常踏实，认真负责，不求名利，讲究实干，做起事情和对待年轻教师都特别平和，在年轻教师中享有很高的威信，年轻教师称他为“全能型战士”。付航老师也是一个非常可靠的人，工作中需要加班，他总是说“我来”。他家中有年迈的父亲，孩子上初中，正是学习生活中的关键阶段，但是他从来不提自己的任何困难，总是埋头干活。这些优秀的品质深刻地影响着全组的年轻教师。

史家小学信息技术组教师之间的配合也非常默契，大家互相取长补短。付航老师做事情非常有条理，计划做好了以后就按部就班地执行，而汪忱老师虽然也遵循计划，但他认为有些事情必须得先办。付航老师做事情喜欢亲力亲为，不愿意指挥别人去做，不怕苦不怕累，能自己做的事情尽量不麻烦别人。关于这件事，汪忱主任和付航老师经常交流，汪忱主任建议付老师把工作交给年轻教师去做，让他们在工作中有更多的体会，这样才能有更多的收获。如果什么事情都自己做，一是自己忙不过来，二是节省下的时间可以关注其他更重要的事，比如如何引领这支团队更好地发展，为学校的发展作出更大的贡献。现在，付老师的分工更加明确，组内成员各司其职。

王欢校长对信息技术整个团队非常信任，对团队中每位教师的人品也很认可，他们的踏实、肯干、敬业受到王欢校长的多次表扬。2012年学校刚引进了两位大学毕业生，各方面都很优秀。在整个团队氛围的影响下，进步很快，得到了很多教师的认可。他们在史家小学工作多年的优秀教师身上发现了一些共同的特征，年轻人看到“前辈”们的工作状态，经过比较、反思之后，会努力调整自己，融入团队。

2. 教师参与各类各级展示课和评比课体现出的和谐与奉献的团队氛围

邢超老师刚工作时除了学校的电教工作以外，还要负责三个年级的信息课教学工作。他非师范类专业毕业，开始对教学还没有入门。范汝梅校长和汪忱主任安排经验丰富的张立新老师做他的师傅，可以说是“手把手”地教他如何上课。2010年，邢超参加东城区五年以下教龄教师“东兴杯”教学比赛，从开学初先参加校内的基本功考试，再到区里参加笔试，到最终在机房赛课，历时两个多月。在整个东兴杯筹备和比赛过程中，所有教师都给予了他很大的支持。

邢超首先参加的是校内的法律法规的考试，学校的教学干部为参赛教师复印了复习材料，而且发到每个人手中。校内的考试是张欣欣主任监考，他一次又一次地叮嘱邢超等教师一定要认真对待考试，并且要认真仔细地复习，在区里的考试中争取取得好成绩，为史家小学争光。2011 年 11 月 2 日，邢超接到通知，两周后正式赛课，准备的时间还不到两周。这时，张立新老师和付航老师两位组长给他吃下了一颗定心丸："邢超，别着急，周末先确定设计思路，下周回来我们帮你一块儿琢磨。"一周后邢超有了设计思路，其中有一段需要新东城区的宣传片，邢超问汪忱主任和金校长能不能找到相关资料，两位老师从教委宣传部那里帮他借来了"紫禁之东"的片子。邢超拿着自己的教案初稿，先给了同办公室的付航老师，付老师一字一句地帮他看了一遍，因他当时设计的是"PPT 自定义动画"这个内容，于是付老师一次又一次地在电脑上帮他实验操作步骤、选取重难点以及教学方法。其中有两个操作环节是不太好设计的，在学生操作中容易出现"意外"。中午邢超又找到张立新老师，在分析了情况之后，张立新老师毅然地为他选择了另外一个主题——"定格动画"。这个内容是张立新老师在学校开设的一门课，讲起来相对成熟，而且容易激发学生兴趣，做课的效果会很好。

在之后的一周里，邢超便反复出现在张立新老师的机房，一次又一次修改设计思路，张立新老师为他出了很多点子，还为他找相关的资源。他的每次试讲，张立新老师都认真记录，小到语言，大到设计思路，并为他认真讲解。做课的前一天晚上，邢超老师在洗澡时，突然迸发了一个灵感，于是不由分说拿起电话就给张立新老师拨通了电话，当时已经是晚上 10 点多了，张立新老师耐心地听了他的想法，并且提出了建议。于是邢超开始制作"教学道具”了。付老师在邢老师做课当天已经到外地出差了，中午在火车上还特地给他打来电话，让他平静心情，好好发挥。这千里之外的声音让邢超很感动。同组的顾国威老师在他做课前一天晚上，制作了第二天课上需要用的标语，并且晚上在机房和他把这些字钉在黑板上。

当王欢校长得知邢超老师要参加“东兴杯”比赛时，亲切对他说:“小超，咱没问题，好好准备，咱一定行！”在他做课的前后，范汝梅校长先后两次听他的试讲，并提出很有价值的建议。上课的当天，范校长还为他在教室里开关灯，金校长为他的课协调好了接待事宜，汪忱主任亲自为他录课，最后这节课获得了一等奖。这样的结果是全组人，甚至全校领导和教师一同奋斗的结果。

3. 教师在生活中互相关照

不仅在工作中，大家团结互助，在生活中，哪位老师生活中有困难了全组老师也会倾力相助。比如组内路莹老师腿部受伤回家静养，信息组老师承担起了路老师全部的教课任务，没有落下一节课。全组的同事还一起去路老师家看望，有一阵子没见到同事，见面后感觉格外亲切。同事们带去了问候，带去了温暖，在说说笑笑中路老师的病仿佛也好了几分，不由感叹在这样一个和谐的大家庭中真是幸福。

第3节　团队成长

有人说，教师的功力在于平时，知识储备需要长期的学习积累，长久坚持，效力才会显现。在史家小学信息技术组，学习已经成为习惯，通过广泛阅读来拓展自己的知识视野。每位教师所教学生、所处环境都是不同且变化的，教师教学能力和各项信息技术工具使用能力的形成离不开实践的反复雕琢。信息技术教师同样需要将自己所读、所听、所看和所想，具体落实到实践中，同样需要聆听同行、专家和学生的反馈，在实践中不断反思和总结。史家小学信息技术组每一位教师让追求进步成为自己的职业梦想，让专业发展成为自己的内在追求。工作紧张忙碌不能成为放弃学习的理由，技术快速更新常会唤起他们驾驭技术的欲望，环境繁杂可以锻炼他们组织课堂、处理应急问题的才华。学而儒、思而智、写而雅、行而真。信息组教师不断修炼性情、锻造风格、形成特质。

1. 鼓励教师发现自己的优势，朝着“一专多能”方向发展

一直以来，汪忱主任希望信息技术组的教师能够向着“一专多能”的方向发展，希望信息技术组的每位教师不仅在各方面的电教工作中可以完成任务，而且每个人在某一方面的表现能够突出，在自己更加感兴趣、有专长的方面继续深入地钻研下去，成为这一方面的行家。因为信息组所涉及的工作非常繁杂，没有办法做到分工非常具体，但每个人根据个人特长和业务需要在分工方面可以有所侧重。

付航老师是信息技术组的组长，主要负责网管和网络技术这部分工作，但是他也会做其他方面的工作。顾国威老师平常主要负责 CMIS 信息管理系统，但一遇到大活动就要去负责灯光音响；多机位录课时，他又变为摄像师或导播；设备出现故障了，他又主动去维修。在信息组，每一位教师要负责好多件事，甚至为了演出去当搬运工，把电子白板拆下再装上。由于学校工作需要，与繁多的工作任务相比，人员还是相对有限，因此信息组讲究团结协作，依靠集体的力量去工作。遇到大型活动信息组几乎都是一起参与，史家小学团结协作的精神就体现在这里，要求教师必须“一专多能”，关键时刻什么任务都能承担。工作中，汪忱主任经常向组内的教师传递“一专多能”的理念，每位教师都应该有信息技术方面的专业特长，有别人无法替代的优

势，有学校发展离不开的一项技术专长，另外还有其他多方面的能力，艺不压身，就是这个道理。

信息技术团队非常讲究合作和配合。今天我这件事向大家求助，获得大家无私的、全力以赴的帮助，别人有困难的时候我也要全力以赴地帮助别人。

在史家小学工作，老师们还有这样的一种体会：在其他学校，可能一辈子都不会遇到多少事情，无论是技术方面的，还是其他方面的；而在史家小学，每天都可能接触大量的信息，遇到大量的需要解决的技术上的问题。而通过不断解决和不断学习，解决问题的水平自然而然地得到提高。信息技术组的教师们都很年轻有活力，也都具有反思精神。任何人在工作中都难免有失误的时候，汪忱主任常常开导大家，出现了问题并不可怕，允许大家出错，出了错误没关系，能够找到问题的解决方案就好。

汪忱主任在一次向他人介绍团队里成员的时候，只是随便介绍每个人的特色和专长。后来仔细回味一下，发现每个人都有一个强项。信息技术组一共 11 个人，都各有所长。有的教师这方面技术突出一些，有的教师那方面的技术突出一些，其他的教师发现这方面的技术已经有可以独当一面的教师，就会主动往别的方向发展，久而久之，每个人都有特色。从整个团队的发展来说很科学，也很合理。

单博文老师的摄影技术已经得到教师们的普遍认可，只要学校有活动，请他去摄影非常可靠。赵朋秋老师摄录编的能力很强，能合理运用镜头，捕捉到精彩画面。邢超老师主要的工作是网管，视频编辑工作出色。顾国威老师对音响控制、灯光调试很有兴趣，正在自学音响师课程。

在史家小学这个团队中，在各个组里，每位教师都要慢慢积蓄力量形成自己的特色。否则，没有立足的本领，即使学校没有淘汰机制，也会感到压力重重。找到位置，明确方向，在这个基础上寻求发展，这是史家小学教师入职之后首先要思考的问题。

2. 通过“多途径学习”的方式实现个人专业成长

信息技术日新月异，知识更新速度非常之快，与其他学科教师相比，信息技术教师必须花更多的时间和精力来了解和跟踪信息技术发展的新趋势。教师成长是一个内容相对复杂、过程相当漫长的活动，没有哪种技术、哪种方法可以让人一劳永逸。尤其是信息技术教师，其成长是一个不断发展、不断进步的过程，并且是不断变化更新，永不停止的。作为新时代的学校信息技术教师，必须具备终身学习的素质和理念。不仅信息技术日新月异，教师的需求也是变化的、无止境的。因此，学校信息技术教师必须保持对新技术的敏感性，尽量走在信息技术的前沿，敏锐地意识到信息技术的发展对学校发展和教学改革的意义。史家小学信息技术教师通过设立小台阶，采用多途径的方式实现个人专业成长。

首先，通过组内交流的方式。平时组内哪位教师如果在专业技术上有困难的话，都会向同组的老师求助，大家都会热心地出谋划策，最终群策群力解决难题。如果哪位老师掌握了新技术也会主动和同事们来分享，例如在每次信息技术组教研活动中都会有一位老师来做专题的经验分享，这样的经验分享活动能让所有信息组教师掌握比较新、比较深入的技术。

其次，通过自学的方式。自学的渠道主要是上网和看书。网络上有丰富的关于多媒体技术的各类讲座或者咨询，能够让自己获取最新的知识。看书主要是学习一些系统的深入的多媒体知识，例如顾国威老师就自费购买了录音师资格的相关书籍进行自学；单博文老师购买了摄影相关的书籍进行更深入的学习；赵朋秋老师购买了 Edius 视频编辑技术相关的书籍进行自学。

再次，通过请专家做培训的方式。信息技术组也经常请一些电教方面的专家来学校为信息技术组做专业培训，比如近期就请到了电教专家奚永钢来做培训，此培训为系列讲座，共三次，分别为“高清视频技术培训”“故障排除与修复培训”“调音台使用技巧培训”，几次培训专业性很强，知识密度大，深入浅出地解答了一些大家长久以来没有弄清楚的问题。

最后，通过外出培训的方式。北京市东城区电教馆每周三进行电教老师的统一培训，每周四进行网管老师的统一培训，在培训的过程中可以学习到最新的专业技术，并有机会和东城区同行进行交流。北京市电教相关机构也时常有统一的培训，经常请一些业内的专家为全体电教老师培训。

3. 在实践中获得真知，积累经验

在史家小学工作，必须树立“一切从头学起”的观念，信息部的工作性质比较特殊，专业技能都是在解决问题的过程中逐渐提高的。

积累经验是一个过程。就视频生成来说，信息技术组教师们曾经被一个问题困扰，学校现在的设备都很高级，不管是前期的摄像设备，还是中后期的采集编辑设备都很高端。2011 年学校运动会之后，教师们发现，他们编辑的视频很模糊，按理说高清的机器拍出来的东西应该很清晰，这是怎么回事呢？大家深感困扰，刚开始一筹莫展，无从下手。采编的环节很多、很复杂，有前期摄像，有采集过程，有编辑过程，最后有生成过程和显示过程，一共要经历五个阶段。于是邢老师就请教了一位在电视台工作的同学，这位专业人士对他说：“你遇到这个问题别着急，一步一步分析。倒着来，先考虑这个东西都在哪播放，如果说这个东西在广场大屏幕上放，那可能要求分辨率特别高，但若是在一个 14 英寸很普通的电视上放，可能清晰度高了它也没有意义。导入预设的工程的时候一定要把工程的格式设对，新建工程里面有很多的格式，有的跟电脑分辨率一样，SD 指的就是标清，HD 就是所谓的高清，等等。一定要在预设工程的时候把它设置正确，那我们才有可能拍好，要是预设工程的时候设错了，后面就很难清晰。”通过这次了解刑老师知道很多事情应该采用逆向思维，也就是说，要先想最后的结果，以结果来倒推之前的事。后来信息技术组积累经验得出一个结论是“就高不就低”，倒着来，反推之前的预设、设置等。

邢超老师刚参加工作时，学校举行50周年校庆。不巧卓立校长的笔记本遇到一个问题。这是很难遇到的问题：键盘上Y和Z这两个字母换位置了，按Y就出Z，按Z就出Y。这问题很棘手，很多人都没有遇到过。卓立校长让邢超去校长办公室帮他修理，按一般人的思路，这问题肯定会是机器的故障，肯定是这两个键串联了，可是这Y和Z不在一排，Y在上面，Z在底下，要是串联的话顶多是Z和S，或者和A。面对这个问题，邢老师首先在百度上搜，百度上也没有人遇到过这种问题，他只好自己反复尝试。后来他发现一个小细节，发现右下角那个输入法和普通计算机不太一样，通常用的都是中文和英文，中文是CH，英文是EN，可是卓立校长的计算机是CH和DE。后来他一想，DE这不是德语吗，这怎么回事？后来一联想到卓立校长的儿子一直在德国工作，他可能用电脑时把输入法改成德文了，德文里面的Y和Z根本就是调换位置的。当他在控制面板里把这个改过来，难题也就解决了。这件事给邢老师留下了深刻的印象，作为信息组的教师，需要要多观察、多思考。

信息技术组的教师不仅技术上很拔尖，在思想上和实践层面也都很超前。信息技术组教师们掌握的技能有时是任务驱动的。只要教师有需求，大家必然努力把这件事情办成。久而久之，自己的信息技术就提高了。所有的事情不可能一帆顺风，失败了就会激发自己一些潜能，然后能力和思想才有一个较大幅度的提升。

第4节 团队建设

中层干部在一所学校中的地位和作用是非常重要的，可以说起到中流砥柱的作用。尤其是像史家小学这样的办学规模比较大的学校，如果说校长和校级干部更关注全局的话，那学校的许多具体工作还需要中层干部来推动。中层干部是学校领导干部开展工作的桥梁和纽带。

1. 生活上关心每一位教师

“做人像人，做官不能太像官”，这一直以来是汪忱主任所持的工作理念。只有取得大家信任，帮大家把事情做好，干部才能算尽到责任。如果干部端着架子，工作开展起来往往会失败。

在工作中，汪忱主任从来没有把自己当成一个领导。他特别愿意协助教师们办成一些事情，同时也愿意做一个技术能人，通过这两方面让大家认可他，这也一直是他努力的目标。周围的朋友们都认为汪忱主任很容易沟通。有一天大家一起出去吃饭，吃完饭要跳舞，需要找一些适合跳舞的曲子，因为那是卡拉 OK 不能跳舞。当时好几位教师说，快让汪忱来帮忙。每当遇到类似的事情，往往大家第一个就想到汪忱主任，那种被需要，让汪忱主任深感欣慰。

周围朋友们也经常会把生活中的烦心事向汪忱主任倾诉，比如家里人生病、朋友之间闹矛盾、老人的住房问题等等。同事关系本来就比较密切，平常交流自然比较多，大家也知道汪忱主任这人比较本分。学校里有一位教师，同时是汪忱主任的同学，他想买一个 iPad 不知道去哪里买，买完了以后还需要安装一些程序，并且要了解这些程序的用法。汪忱主任一条龙服务，帮他买了一个 iPad，又给他装上了他喜欢玩的游戏，拷了他喜欢的歌曲。

在辛苦完成一件工作之后，教师们往往会聚餐放松一下。这种活动能让教师之间的关系更加亲密。信息技术组有个规定，一进饭馆先问啤酒多少钱一瓶，如果三块钱一瓶就在那里吃，如果是三块以上就离开，因为大家不希望铺张，也不希望一次次请客弄得大家感到压力很大。每次聚餐只吃很平常的饭菜，这样的消费水平大家都能接受，在放松的环境中聊一些事情，更好地促进团队建设。

教师除了职业身份，还有家庭身份。大家除了工作，还有思想和感情。汪忱主任曾经有一段时间因母亲孙蒲远老师生病压力很大，虽然如此，但还是努力把校长安排的事做好。王欢校长知道后给予他很多的关心和帮助，并亲自到医院探望生病的孙蒲远老师，让他们感到非常的欣慰和感激。信息技术组的任何一位教师不管是他自己还是他的家庭有困难，一定先对汪忱主任说，汪忱主任会通过自己的经验和资源为教师解决实际困难。比如有一位新来的计算机老师，他的膝盖在过去训练的时候受过伤，结果因为工作加剧了伤病，必须得做手术，而且他的手术必须要在运动骨科做，而北京挂号排队非常紧张。这位教师不能正常走路，还每天都坚持上班。后来汪忱主任帮忙联系，在很短的时间内就把手术做完了。等到他都恢复了，原来排号的医院才来电话，说可以住院了。这位教师特别感激汪忱主任和其他同事。对于他很困难的一件事情，由于大家的帮助很快解决了。大家这样帮助这个老师，让他感到非常温暖，有家庭一般的归属感。

如果有机会，信息技术组每年尽可能组织外出。信息技术组一年有两次外出的机会，学习研修或者去北京周边开会；教务组和信息组经常一起行动。汪忱主任是信息组的领导，金强校长是教务组的领导，两位领导统一行动，并把两个组称为“信教组”，这个称号几乎全校教师都知道，两个组一共有将近20个人左右。

2. 工作上严格要求每一位教师

汪忱主任作为信息部的主任，对待同事，在生活上给予关心和帮助，在工作中严格要求。

史家小学是一个讲究做事情的品质和水准的学校，任何事情都要求精益求精。信息技术组的工作很重要，虽然他们站在“幕后”，但他们的工作很多时候代表着学校的“脸面”。比如在大型活动中音响方面的不完美，会影响别人对学校的观感，其他信息技术工作也是如此。因此，在工作方面，汪忱主任对教师们的要求非常严格。

有一次，学校新安装了一套系统，如果不经过反复调试或使用不当，就会出现问题。有一天，学校邀请了一位专家讲课，话筒时不时地发出鸣叫，非常影响效果。当天负责会场设备调试的教师似乎没有意识到这个问题。汪忱主任走过去提醒他去处理，告诉他在会场必须做好随时准备排除意外故障的准备。汪忱主任回想起来当时态度确实挺严肃的；但由于汪忱主任在工作中对事不对人，那位教师和其他教师都能理解。

汪忱主任认为中层干部对团队的管理必须要公平，这对提升团队的凝聚力和战斗力非常关键。在工作中没有远近亲疏，对任何人都是就事论事，这样，所有团队成员会感到放心，很多事情都能得到一个满意的解决方法。如果干部办事不公平，那就很难建立威信。

任何人都要经历一个成长的过程，尤其是刚毕业的大学生，所以要给他们成长的机会。新教师由于缺乏经验，工作上难免会出现失误。在学校里做信息技术工作，除了工作热情和奉献精神以外，还要有耐心细致的工作作风。比如音响出现了杂音，有的教师可能认为这不是什么大问题，没有引起重视。这说明，他的音响效果判断能力不高，不认为那是一个故障，或者态度不认真，不愿意仔细听一听查找原因。忙而有序，对一般教师来说不容易做到。信息部的工作多，并且很杂，有时是几件事情同时压过来。这时，教师就要学会统筹，按事情的重要性和紧迫性排出一个大致顺序，在分身无术的情况下，妥善地安排各项事情的先后顺序，才不会出现失误。

有一次学校大型活动中，一位教师负责摄影工作，活动结束后把镜头的附件遮光罩和镜头包落在了活动现场。他一直没有意识到自己弄丢了东西，直到第二天汪忱主任把他叫到办公室，把两件东西给他，他才意识到。汪忱主任告诉他，是活动后打扫卫生的校工捡到交来的。当时汪忱主任并没有严厉地批评他，而是把过去学校其他教师把电教设备弄丢的故事告诉他，并把丢失学校设备的后果为他作了分析，让他意识到事情可能会产生的严重后果。由于这次活动来的观众很多，要是东西被别人捡走了的话就彻底丢了。因此，电教教师要有强烈的财产保护意识。由于不少电教设备比较贵重，在工作的过程中人员情况又往往比较混乱，因此在任何情况下都要保持清醒的头脑，即使是一个附件也不能丢失——因为史家小学的设备都很专业化，附件一旦丢失也很难再配上，就算是很小的容易配上的附件丢失了也会让大家心里感觉遗憾。汪忱主任平常经常提醒教师们，要像对待自己的财产一样对待学校的财产。

3. 信任每一位教师，大家彼此以诚相待

大家之间的信任对信息技术工作来说也很重要。信息中心有不少价格不菲的设备摆在柜子里，工作需要时，教师可以随时取用，柜子并没有上锁，使用时也没有签字这个环节。虽然设备价格不菲，但对这些设备的管理也不能过于严格。因为每一位信息技术组教师工作都非常忙，不可能先借再用；提防也会令人感受不受信任，汪忱主任特别相信大家。多年来，史家小学没有丢过任何设备。

汪忱主任做信息主任以来，最大的心得体会就是同事之间要以诚相待，一定要把所有的事情摆在桌面上说清楚。即使批评一个人，也要开诚布公地说，不能因为亲疏远近而选择不同的处理事情的方式。正是这样的理念，使得信息技术组的教师之间没有任何隔阂，整个团队拧成一股劲儿，大家在工作和生活中互相关照，全组一起战胜困难，取得一次又一次的胜利。

孔子曾说:“天道酬勤，思者常新；博观约取，厚积薄发。”这是一种境界，是一种令每一个教育工作者向往的境界。面对21世纪扑面而来的信息浪潮，面对互联网知识与信息的海洋，站在教育与科技接轨结合的风头浪尖上，史家小学信息技术教师将不断提高自身综合素养，继续肩负起信息技术领域教育的责任和为学校、为社会服务的使命，奋力搏击，将优秀的品质不断传承下去!

Postscript

后记

信息技术已经渗透到史家小学学校管理、教育教学、教师发展、学生成长等各个方面，数字化手段正在改变着人们的各种行为模式。史家小学现代信息化建设已经让学校教师与学生的主体地位、学习方式、教学方式等发生了极大的变革。素质教育的实施不仅要求教育工作者应具有现代价值观念和现代教育理念，也需要将理性形态转化为实践形态，将教育理论这一较为上位的概念转化为能够具有可操作性的具体实践。在素质教育实践方面，实施信息化教育是推进素质教育的关键因素之一。史家小学为教育教学服务、为推进素质教育服务的理念不会改变。

在史家小学的“十二五”发展规划中，将继续进行数字化校园建设，以信息化带动学校整体现代化，不断提高学校管理水平、教育效益和教育品质。在和谐教育思想、阳光办学理念指导下，运用现代信息技术打造数字化史家小学——“阳光e家”，为提高教学、育人质量提供有力支撑，为丰厚干部、教师、党员队伍形象打下坚实基础，为学生成长、教师发展、学校国际化、管理现代化提供广阔平台。

目前史家小学的数字化校园已经初步完成一期工程，“十二五”期间，学校继续完成第二期、第三期、第四期、第五期工程建设。史家小学教师借助现代信息化手段，建设阳光e家，让学校、领导、教师、学生、家长与数字化环境通过教育实践活动形成一个有机的、运动的、和谐的整体，最大化体现价值。

“十二五”北京市教育科学规划课题《基于信息技术平台促进教师专业成长的行动研究》申报成功，这个课题集中体现了信息技术为教师专业发展服务的思想。学校将依托现代化的信息技术平台，通过教师行动研究，对教师专业理念、专业知识、专业能力进行总结与反思，制订教师发展记录、过程性评价、指导的综合系统，最终构建和谐的教师专业发展体系，在新课程教学体系下，通过教师自身的发展，不断提高学校教学工作整体水平，促进学生的全面发展！

作　者

2012年8月

Afterword

跋

不断拓展史家教育的精神空间

《和谐教育丛书》是史家小学在全面梳理、系统总结20年和谐教育理论与实践基础上着力打造的一个教育文库。史家教育文库，致力于不断丰富学校发展的准确素材和科学依据，持续积累教育改革的实践成果和现实经验，从而为我国教育事业的繁荣和发展提供精神滋养。

《国家中长期教育改革和发展规划纲要（2010—2020年）》指出：“把促进学生健康成长作为学校一切工作的出发点和落脚点。关心每个学生，促进每个学生主动地、生动活泼地发展，尊重教育规律和学生身心发展规律，为每个学生提供适合的教育。”史家人认为，基础教育要致力于每个孩子禀赋的发挥、个性的舒展和生命的绽放，就是要秉承中华五千年文化，携手世界五大洲文明，优化并协调各种教育因素，使学校真正成为孩子成长的乐园。孩子健康快乐成长，永远是史家教育的出发点和归宿。面对孩子不断发展、持续更新的教育需求，史家人总是能够将其创造性地转化为和谐育人体系新的增长点。史家教育强调用和谐的方法培养“全面和谐发展”的人，并把和谐育人具化为“人与人的和谐”“人与知识的和谐”“人与自身的和谐”“人与社会的和谐”“人与自然的和谐”五个方面。当前，学校有效强化基础教育的基础性，把致力于孩子“全面和谐发展”进一步具化为“健康快乐成长”

与“身心智趣发展”。并且，在五个和谐关系的基础上逐步生成了史家“种子计划”，即以培养“和谐的人”为目标，凸显五大和谐支柱、强化五大基本意识、提升五大核心能力、搭设五大特色课程、推进五大金牌项目、打造五大资源基地，成就一个“和谐的人”。史家和谐育人体系犹如一粒鲜活饱满的种子，深深植根于每个孩子的幼小心灵中，伴其一生，惠其一生。

史家和谐，是一个不断发展、持续深化、全面开放的精神体系。新时期的基础教育向史家教育提出了新目标、新任务、新要求，注入了新思想、新方法、新活力。进一步拓展史家教育的精神空间，进一步发挥史家和谐的先导、示范和激励作用，已经成为全体史家人的追求与梦想。

史家的明天，将更加美好！

王　欢

史家小学校长

2012年8月